LA LICORNE D'OR

SECRETS & LÉGENDES

Merci tout particulièrement à Adrian Bott,
Jonny Leighton et Anne Marie Ryan

Traduction de Bérengère Viennot

Édition originale
Édition : Jonny Leighton
Graphisme : Jack Clucas
Graphisme de couverture : Angie Allison
Illustrations intérieures : Aitch, Oana Befort et Rae Ritchie
Illustrations de couverture : Harry et Zanna Goldhawk,
et Aitch pour la 4e de couverture

Édition française
Suivi éditorial : Aurélien d'Almeida
Maquette : Laure Massin

ISBN : 978-2-07-513542-9
Titre original : *The Magical Unicorn Society – The Golden Unicorn – Secrets & Legends*
Publié en 2019 par Michael O'Mara Books Limited, Londres

Numéro d'édition : 357781
Loi n° 49-956 du 16 juillet 1949 sur les publications destinées à la jeunesse
Dépôt légal : octobre 2019
Imprimé en Italie par L.E.G.O.

Certifié PEFC
Ce produit est issu de forêts gérées durablement et de sources contrôlées
PEFC
PEFC/18-31-280
www.pefc-france.org

Le papier de cet ouvrage est composé de fibres naturelles,
renouvelables, recyclables et fabriquées à partir de bois provenant
de forêts gérées durablement et de sources controlées.

LA LICORNE D'OR

SECRETS & LÉGENDES

Sous la direction de
Selwyn E. Phipps

Gallimard Jeunesse

Bienvenue dans le monde des licornes !

Bienvenue

Salutations, chers adorateurs des licornes.

Je m'appelle Selwyn E. Phipps et je suis le président de la Confrérie des Licornes Magiques, association qui rassemble tous les amoureux des licornes du monde entier. Elle existe depuis plusieurs siècles et compte de nombreuses filiales implantées dans plusieurs pays. Nous recevons sans cesse de nouvelles informations sur ces extraordinaires créatures ainsi que sur les aventuriers, les explorateurs et les gens ordinaires qui ont croisé leur chemin.

Je suis absolument ravi de vous présenter cet ouvrage, qui contient les récits de huit rencontres de licornes – des événements extraordinaires que personne n'avait encore jamais relatés. J'y réunis les détails contenus dans chacune des études de cas qui dormaient dans les archives de notre siège londonien sous forme de très anciens journaux intimes, de rapports tapés à la machine, de coupures de presse et de retranscriptions d'histoires transmises de génération en génération. J'ai inclus avec chaque témoignage un rapide descriptif de la licorne évoquée et quelques détails sur le vénérable membre de la Confrérie ou le personnage de légende entré en contact avec la créature magique.

Ce livre est un hommage au travail de nombreux membres de la Confrérie. Chaque fois que nous pensons être arrivés au bout de nos connaissances, nous apprenons avec stupeur et émerveillement de nouvelles informations fascinantes livrées par un explorateur téméraire ou une intrépide aventurière. Nous croyions par exemple qu'il n'existait que sept sortes de licornes et pourtant voici que l'année dernière, une huitième famille, les Esprits de l'Aube, a été découverte. Ce secret jusqu'ici bien gardé est dévoilé dans ce livre pour la toute première fois.

N'importe qui peut rencontrer une licorne – il suffit de garder les yeux toujours ouverts et les oreilles aux aguets. Pourquoi ne pas rejoindre notre Confrérie ? Vous trouverez des renseignements pour en devenir membre à la fin de ce livre.

Chères lectrices, chers lecteurs, j'espère que vous aimerez ces histoires de licornes très particulières. Je suis absolument ravi d'avoir la chance de les partager avec vous !

Selwyn

101e président de la Confrérie
des Licornes Magiques

Pour découvrir des légendes venues du fond des âges,

installe-toi confortablement et tourne ces pages…

La licorne d'Or

La licorne d'Or est l'une des deux premières licornes nées à l'époque où chaque recoin du monde regorgeait de magie.

Étude de cas n° 1

Hana et Jakob Alson

Lieu

Hellingor, Norvège

Époque

Milieu du XXe siècle

Statut dans la Confrérie

Membre spécial

Notes de Selwyn

Les jumeaux Hana et Jakob Alson étaient enfants lorsqu'ils rencontrèrent une licorne pour la première fois. Ils avaient toujours éprouvé une fascination pour les histoires de licornes que leur grand-père adoré leur racontait.

C'est grâce à ces enfants intrépides que la magie de la licorne d'Or fut rendue au monde. Pourtant, ce ne fut que des années plus tard, lorsqu'ils firent la connaissance d'un chercheur de la Confrérie des Licornes Magiques, qu'ils se rendirent compte de l'importance de leur découverte.

Le RETOUR *de la* LICORNE D'OR

Douillettement nichée entre de hautes montagnes recouvertes d'épaisses forêts, la petite ville norvégienne de Hellingor était plongée dans un hiver qui durait depuis cent ans. Ses rues pavées scintillaient de givre et la rivière qui serpentait au cœur de la ville était totalement gelée.

Ses habitants portaient d'épais manteaux toute l'année et devaient souvent se protéger du froid en se blottissant au coin du feu, où ils buvaient des boissons chaudes et épicées.

Personne ne savait ce qui avait bien pu plonger la région dans cet hiver sans fin, mais beaucoup soupçonnaient que la magie n'y était pas pour rien.

L'été commençait à peine lorsque le froid s'était brusquement abattu. Les premières neiges étaient tombées en flocons argentés et dorés et le vent avait soufflé avec une énergie étrange. Rien de naturel ne pouvait avoir causé cet hiver si soudain et si long.

« Je parie que c'était des sorcières, affirma un jour Hana avec assurance. Est-ce qu'il n'y en avait pas autrefois dans les collines qui surplombent la ville ? »
Jakob se mit à rire. « Des sorcières ? Tu as lu trop de contes de fées. »
« Ce n'est pas vrai, protesta Hana. Grand-père disait toujours qu'il y avait quelque chose de magique là-haut, tu ne t'en souviens pas ? Et puis, puisque tu te crois si malin, dis-moi, toi, ce qu'il s'est passé ? »

Jakob n'était pas trop sûr. Les enfants de Hellingor n'avaient jamais rien connu d'autre que le gel, la glace et la neige. L'herbe verte et les étés pleins de soleil étaient des choses qui n'existaient que dans les vieux livres.

« Des licornes, peut-être ? » suggéra Jakob en haussant les épaules. Leur grand-père adorait aussi les légendes sur les licornes. Lorsqu'ils étaient petits, il leur racontait des histoires sur les différentes sortes de licornes qui écumaient le monde et leur décrivait les pouvoirs magiques de chacune d'elles.

« Tu veux parler de l'histoire de la licorne d'Or et du dragon ? demanda Hana. Ça pourrait être ça. Ou peut-être qu'il fait juste toujours un temps pourri à Hellingor ! »

Les jumeaux éclatèrent de rire et accélérèrent le pas. Ils sortirent de la ville et entrèrent dans la forêt, en direction des collines, en traînant leur luge derrière eux. C'était les vacances et ils avaient bien l'intention de profiter de la neige toute fraîche qui venait de tomber. Ils se demanderaient une autre fois pourquoi l'hiver ne s'arrêtait jamais.

Après quelques minutes de marche, Jakob attrapa le bras d'Hana et pointa le doigt en direction d'un épais bosquet de pins.

« Chut, murmura-t-il. Là… je crois que j'en vois une. »
« Une quoi ? demanda Hana, en scrutant la masse de branches recouvertes de neige. Une licorne ? Je ne vois rien du tout. »

Soudain, elle sentit comme des chatouilles sur sa nuque. Elle se retourna pile au moment où Jakob fourrait une poignée de neige dans le col de son manteau.

« Hé ! hurla-t-elle tandis que son frère se pliait en deux de rire. Je savais que tu allais faire un truc comme ça ! »
« Ah oui ? rétorqua-t-il. Ose dire que tu n'aurais pas fait la même chose dès que j'aurais eu le dos tourné ! »

Hana et Jakob se jouaient sans arrêt des tours. Pourtant, curieusement, ils ne se disputaient quasiment jamais. Leur grand-mère disait que c'était parce qu'ils étaient jumeaux et qu'un lien très particulier les unissait.

Lorsqu'ils étaient tout petits, leur grand-père leur avait donné des surnoms : Jakob était le Soleil et Hana était la Lune. Il leur avait expliqué que c'était les deux éléments les plus importants du ciel et que, comme eux, le Soleil et la Lune étaient connectés par un lien magique. Avant de mourir, il avait fabriqué deux pendentifs : un en forme de lune et un autre en forme de soleil. Hana et Jakob y tenaient beaucoup et les portaient tous les jours.

Les jumeaux sortirent de la forêt et entamèrent l'ascension de la colline. La pente était raide mais Jakob se mit à courir.

« Le dernier arrivé est une vieille sorcière qui pue ! » cria-t-il. Hana fut bien obligée de se précipiter à ses trousses : elle n'allait quand même pas le laisser gagner...

Jakob courut d'une traite jusqu'au sommet de la colline, sans lâcher sa luge. Lorsqu'il s'arrêta pour reprendre son souffle, Hana avait disparu. Sourcils froncés, il scruta attentivement les environs.

« Hana ? » cria-t-il. Sa voix résonna dans le silence de la vallée. « Hana ! Arrête, c'est pas drôle ! » Aucune réponse. Il se demandait si elle n'était pas en train de lui faire une farce lorsqu'il sentit une étrange sensation, comme des chatouilles, autour de son cou. Il passa la main sous son manteau et toucha son pendentif. Le médaillon dégageait une douce chaleur et semblait battre légèrement sous ses doigts. Il poussa une exclamation de surprise : c'était la première fois qu'une telle chose se produisait.

Jakob redescendit sur quelques mètres jusqu'au dernier endroit où il avait vu sa sœur, et sentit le pendentif bouger plus fort. Il fit un pas de côté et le pendentif s'arrêta de battre.

« Bizarre, murmura-t-il. On dirait qu'il veut m'entraîner quelque part. »

Et en effet, à mesure qu'il descendait avec précaution le versant de la colline, il sentait son pendentif battre régulièrement, le guidant comme une boussole magique. Jakob suivit ses indications jusqu'à l'entrée d'une grotte creusée à flanc de colline. Comment avait-il pu ne l'avoir jamais remarquée auparavant ?

Il se glissait dans la grotte, les doigts toujours refermés sur le pendentif autour de son cou, lorsqu'il distingua une silhouette familière dans l'obscurité : Hana !

« Franchement, lui dit-il, plus soulagé que réellement agacé, tu aurais pu me prévenir que tu t'éloignais ! »
« Désolée, chuchota-t-elle. C'est juste que… j'ai eu l'impression que mon collier me tirait, et j'ai été obligée de le suivre… »

Elle sortit le médaillon de son manteau et le montra à Jakob : il émettait une lumière magique et semblait battre, tout comme le sien.

« C'est bizarre. On dirait… de la magie », dit Jakob en fronçant les sourcils.
« On ne *dirait* pas de la magie, rectifia Hana qui le regardait, les yeux écarquillés et l'air grave. *C'est* de la magie. »
« Alors qu'est-ce qu'on fait ? » demanda Jakob.
« On va où les pendentifs nous mènent, répondit sa sœur. Je commence à croire que Grand-père ne nous les a pas donnés par hasard. »

Jakob acquiesça solennellement et, ensemble, ils s'aventurèrent à l'intérieur de la grotte. Des stalagmites s'élevaient en colonnes jusqu'au plafond et les murs gelés scintillaient de mille reflets arc-en-ciel. Les pulsations de leurs pendentifs les menèrent le long de passages glacés hérissés de stalactites dégoulinantes, jusqu'à ce qu'au détour d'un virage ils s'arrêtent net, et, de stupeur, fassent un pas en arrière. Une licorne sculptée dans la glace se dressait devant eux.

« Qu'est-ce que c'est que ça ? » demanda Jakob qui n'en croyait pas ses yeux.

Les jumeaux se rapprochèrent lentement. La statue était fièrement dressée, son regard glacé fixé loin devant elle. Ils s'avancèrent aussi près qu'ils l'osèrent et s'aperçurent que sous les épaisses couches de gel et de glace brillait une lueur dorée.

« Et si ce n'était pas juste une statue ? murmura Hana. Est-ce que ça pourrait être la vraie licorne d'Or, celle de l'histoire de Grand-père ? »

Jakob ne savait trop quoi penser mais il se remémora la légende préférée de son grand-père sur ce qui était arrivé à Hellingor :

Dans les plus anciens temps, au cœur d'une vallée luxuriante remplie de créatures magiques - fées et lutins, trolls et farfadets -, vivaient une jument fauve et un étalon gris. Cette vallée abritait aussi les terribles dragons d'Hiver, des créatures terrifiantes qui tentaient de pétrifier les deux chevaux en crachant sur eux leur souffle glacé. Un jour que les dragons d'Hiver les pourchassaient, ils réussirent à leur échapper en traversant une cascade enchantée qui les transforma en créatures magiques.

Les deux chevaux, changés en licorne d'Argent et en licorne d'Or, sillonnèrent alors le monde. Partout où les licornes allaient, chaque fois qu'elles touchaient le sol avec leur corne, une nouvelle famille de licornes apparaissait.

C'est ainsi que furent créées les sept familles de licornes.

Mais la licorne d'Or et la licorne d'Argent étaient insaisissables, et même la Confrérie des Licornes Magiques - l'association secrète d'admirateurs des licornes dont parlait souvent leur grand-père - n'avait jamais réussi à les trouver. Cependant, les habitants de Hellingor savaient quelque chose que les membres de la Confrérie ignoraient : c'était la licorne d'Or qui avait recouvert Hellingor de neige et de glace.

Malgré leurs nombreux pouvoirs, les deux licornes furent un jour arrachées l'une à l'autre. Séparées, elles virent diminuer leur puissance magique et perdirent peu à peu leur précieux don d'invisibilité. Un dragon d'Hiver repéra la licorne d'Or et la pourchassa vers le nord, jusqu'à Hellingor. La licorne fit tout son possible pour échapper au dragon mais elle s'était affaiblie. Il s'abattit sur elle et la frappa de son souffle glacé.

La licorne tituba jusqu'à une grotte où elle trouva refuge mais il était trop tard : la magie du dragon avait eu raison de sa force, et elle se transforma en statue de glace. Dans une dernière tentative pour se libérer, elle avait lancé une ultime rafale de magie qui avait recouvert toute la région de neige et de glace. Selon leur grand-père, c'était ainsi que Hellingor avait été saisie par le froid pour toujours.

Et c’est ainsi qu’elle resterait jusqu’à ce que deux personnes, unies par un lien qui n’appartenait qu’à elles, parviennent à rompre le charme néfaste du dragon d’Hiver.

Ces deux personnes seraient représentées par la puissance de la Lune et du Soleil, exactement comme la licorne d’Argent et la licorne d’Or l’avaient été au fil de l’histoire des hommes, dans différentes cultures et différents royaumes du monde entier.

« Étrange, chuchota Hana en touchant son pendentif. On dirait presque qu’on était destinés à trouver cette licorne. »
« Mais qu’est-ce qu’on est censés faire, maintenant ? » demanda Jakob. « Il faut qu’on l’aide », répondit fermement Hana.

Les jumeaux échafaudèrent une stratégie. S’ils parvenaient à faire sortir la licorne de la grotte, peut-être pourraient-ils la dégeler ? Jakob attrapa sa luge et ils essayèrent ensemble de tirer la licorne pour la mettre dessus. Ils se rendirent compte très vite que cela ne marcherait jamais : la luge était trop petite et la licorne gelée solidement arrimée au sol.

« C’est stupide, dit Jakob. Elle est censée être magique, mais elle ne peut même pas bouger ».

Soudain, Hana eut une illumination. « Elle était magique jusqu'à ce qu'elle soit séparée de la licorne d'Argent. Il faut que nous trouvions un moyen de lui rendre ses pouvoirs. Quelque chose qui symbolise le lien qui unissait autrefois les deux licornes. »

Jakob comprit où Hana voulait en venir : les pendentifs. Tout comme les licornes, leurs médaillons représentaient le Soleil et la Lune, et comme les licornes, les jumeaux étaient connectés par un lien très particulier. Cela valait la peine d'essayer.

Ils enlevèrent tous deux leurs colliers et s'approchèrent lentement de la licorne. Nerveusement, ils placèrent les deux pendentifs autour de son cou de façon qu'ils se touchent.

Immédiatement, les deux pendentifs se collèrent l'un à l'autre comme des aimants et émirent une lumière dorée. La lueur visible sous les épaisses couches de glace de la statue se mit à rayonner plus fort. Hana et Jakob s'accroupirent et se protégèrent les yeux pour ne pas être éblouis par cette lumière magique.

Au bout de quelques minutes, la lueur s'affaiblit et ils découvrirent que la licorne n'était plus une statue mais un être vivant dont la respiration chaude formait de petits nuages dans l'air glacial. La créature se cabra,

comme si elle s'étirait après un long et profond sommeil. Puis, dans un cliquetis de sabots dérapant sur le sol gelé, elle se dirigea vers la sortie de la grotte.

«Vite ! » s'écria Hana.

Les jumeaux se redressèrent d'un bond et suivirent la créature étincelante jusqu'au seuil de la grotte. Brusquement, le sol parut trembler et ils sentirent une merveilleuse chaleur les envelopper. Puis, devant leurs yeux, pour la première fois en cent ans, la neige se mit à fondre.

Les jumeaux regardèrent autour d'eux, émerveillés, de petites pousses d'herbe verte sortir de terre et des fleurs aux couleurs vives tapisser la colline. Au-dessus d'eux, le ciel était bleu et le soleil brillait.

« Il fait chaud ! cria Jakob en riant de joie. Il fait chaud pour de vrai ! » Il se débarrassa de son épais manteau et sentit la chaleur du soleil sur sa peau pour la première fois de sa vie.

Loin en contrebas, la licorne d'Or dressa les oreilles, comme si elle avait entendu un message apporté par le vent. Soudain, elle secoua sa crinière scintillante et partit au grand galop dans les prés baignés de soleil à la recherche de sa partenaire, la licorne d'Argent. Elle laissa derrière elle deux pendentifs, un soleil doré et une lune argentée, au milieu d'une flaque de neige fondue. Après tant d'années d'absence, la licorne d'Or était revenue.

La licorne d'Or et la licorne d'Argent étaient les

premières licornes. Elles symbolisent le Soleil et la Lune.

Les Lunes d'Eau

C'est dans la mer, les rivières, les lacs et leurs alentours que vivent ces licornes. Elles protègent les marins en détresse et symbolisent les mystères du temps.

Étude de cas nº 2

Séléna Floros

Lieu

Sur la côte grecque
et dans la mer Méditerranée

Époque

Milieu du XVIIIe siècle

Statut dans la Confrérie

Personnage légendaire de la Confrérie
et observatrice héroïque de licornes

Notes de Selwyn

Séléna Floros, surnommée
la « Grande Aventurière de Cyrus »,
était une navigatrice et aventurière grecque.
Elle dirigea une flotte de navires marchands
qui sillonna la Méditerranée
et qui lui apporta gloire et fortune.

Séléna n'était pas seulement une commerçante,
c'était aussi une observatrice de licornes passionnée.
Enfant, elle fit la rencontre des légendaires
Lunes d'Eau et c'est grâce à elle
que nous savons que certaines de ces licornes
sortent le jour, et non uniquement la nuit,
comme nous le pensions autrefois.

Des PIRATES *aux* TROUSSES

Je saisis une épée abandonnée sur le pont et la brandis au-dessus de ma tête. L'arme du pirate s'abattit sur la mienne et elles s'entrechoquèrent violemment. Le son du métal résonna dans le ciel vide et se propagea à la surface des vagues écumantes.

Chacun des muscles de mes bras se raidit tandis que j'essayais de repousser la brute au visage couturé de cicatrices qui me faisait face, mais je sentis que mes forces faiblissaient.
« Tu es à ma merci, espèce de rat d'égout ! » grogna-t-il.

Je serrai les dents et tins bon. D'accord, je dois avouer que toute Grande Aventurière de Cyrus que j'étais, la situation n'avait pas l'air de tourner en ma faveur. Si je ne réagissais pas rapidement, j'allais partager le sort d'innombrables autres marins qui avaient coulé comme des pierres au fond de la mer et reposaient désormais dans un cimetière aquatique.

« Pas si je t'élimine avant, face de pétoncle ! » lui rétorquai-je.

*

Mais attendez une minute, je vais trop vite. Je n'ai même pas encore raconté comment j'en étais arrivée à me battre avec un pirate à l'haleine de poisson pourri. Laissez-moi commencer par le commencement...

*

J'ai toujours rêvé d'une vie d'aventure. Mon père était marin et mon grand frère Théo aussi : la mer coulait dans les veines de toute la famille. Mais à moi, ils disaient que je n'étais pas faite pour la vie en mer puisque je n'étais qu'une fille.
J'étais bien décidée à leur prouver qu'ils se trompaient.

À l’époque, je vivais à Cyrus, une petite ville portuaire de la côte grecque. Tous les matins, je regardais les hommes partir pour de nouvelles aventures tandis que je devais rester à la maison pour aider à faire le pain et m’occuper des poules. Chaque fois que Théo rentrait d’expédition, il racontait des histoires qui me fascinaient : il y avait des sirènes qui tentaient d’attirer les marins avec leurs chants superbes et des tempêtes déclenchées par la fureur de Poséidon, le dieu de la mer. Mais mes histoires préférées parlaient des licornes qui vivaient dans la mer. On les appelait les Lunes d’Eau et la légende disait qu’elles aidaient les marins en détresse.

J’écoutais, bouche bée, tous ces incroyables récits - et moi, j’étais censée rester à la maison à faire du pain ! Très vite, je décidai que j’en avais assez de regarder les draps claquer sur la corde à linge en imaginant que c’était des voiles fouettées par le vent.

Le temps était venu de vivre mes propres aventures.

Un matin, avant l’aube, je me glissai hors de la maison et suivis discrètement Théo jusqu’aux quais. Je me souviens que l’air était vif et qu’il y flottait une odeur d’agrumes. Une cargaison d’oranges et de citrons devait partir ce jour-là, et les hommes d’équipage étaient en train de la charger. J’étais déjà montée sur le bateau où travaillait mon frère, je savais donc comment me rendre à bord sans me faire remarquer. À pas de loup, j’esquivai les marins bruyants et me dissimulai entre deux caisses.

Enfin, l'énorme navire s'ébranla. Je regardai la terre, et ma maison, disparaître à l'horizon, avec un mélange d'excitation et de peur.

Au bout de quelques heures, lorsque je fus certaine que nous étions trop loin des côtes pour faire demi-tour et que mes jambes commencèrent à devenir douloureusement raides, je sortis en rampant de ma cachette. Théo, furieux de me voir, demanda au capitaine de retourner au port. Heureusement pour moi, le capitaine n'avait jamais livré de cargaison avec le moindre retard et il n'avait pas l'intention de commencer ce jour-là.

« Maintenant qu'elle est là, elle n'a qu'à se rendre utile ! aboya-t-il. Elle pourra faire la vigie, puisqu'elle veut tellement naviguer. »

Alors, sans prendre garde aux protestations de Théo ni aux rires de ses camarades, je me précipitai dans le nid-de-pie avant que le capitaine ne puisse changer d'avis.

Enfin, je me sentais véritablement à ma place.

Mais je ne m'attendais pas à vivre des aventures aussi vite ! Je n'avais commencé à scruter l'horizon que depuis quelques heures lorsque je vis poindre quelque chose d'anormal dans le lointain. C'était un navire, pas tellement plus grand que le nôtre, qui se dirigeait droit vers nous.

Je plissai les yeux, éblouie par le soleil, tandis que le bateau se rapprochait, et ce que je vis me glaça le sang : un pavillon noir flottait en haut du grand mât.

Je redescendis sur le pont à toute vitesse pour donner l'alarme.

« Des pirates ! hurlai-je. Des pirates à bâbord ! »

L'espace d'un instant, les hommes semblèrent cloués sur place comme s'ils ne voulaient pas ou ne pouvaient pas croire ce que venait de dire la gamine maigrichonne plantée devant eux. Mais lorsque le capitaine intervint et se mit à crier des ordres, le pont grouilla aussitôt d'agitation. On hissa la grand-voile et le vaisseau fendit les flots.

Mais il était trop tard.

Les pirates se rapprochaient et, bientôt, ils rangèrent leur bateau juste à côté de notre coque. Terrifiée, je fixai leurs barbes en bataille et leurs visages féroces. Certains brandissaient des épées et d'autres hurlaient d'abominables jurons.

Le capitaine ordonna à son équipage de mettre le cap sur la passe de la Caldera. En entendant cela, plusieurs hommes se mirent à protester avec véhémence. Certains menacèrent même de se mutiner, mais le capitaine avait une volonté de fer.

« Bande de chiens ! leur hurla-t-il. Si vous n'obéissez pas à mes ordres, vous irez rejoindre ces pirates au fond de la mer ! »

Ils ne discutèrent plus.

Je ne tardai pas à découvrir la raison de leur inquiétude. La passe de la Caldera était un passage longeant la côte, jonché de récifs déchiquetés battus par les vagues, qui pointaient au-dessus de l'eau, menaçants, telles les dents de Poséidon. Se frayer un chemin sans sombrer serait périlleux à l'extrême.

Les pirates aux trousses et au mépris du danger, le navire fendit les flots et nous évitâmes le premier écueil. La mer s'était transformée en un tourbillon écumeux et nous nous trouvâmes très vite devant un immense rocher, plus difficile à esquiver encore que le premier. Nous étions coincés entre les flots rageurs, qui menaçaient d'engloutir notre vaisseau tel un monstre marin affamé, et ce rocher géant aux contours saillants qui ne manquerait pas d'éventrer notre navire.

Les pirates nous avaient rattrapés et plusieurs d'entre eux parvinrent à sauter sur notre pont. Immédiatement, ils s'attaquèrent à l'équipage et les épées s'entrechoquèrent dans un fracas métallique. Le bateau gîtait violemment et je fus projetée à terre. Lorsque je levai les yeux, un pirate à l'haleine d'œuf pourri se dressait, menaçant, au-dessus de moi.

Je m'emparai d'une épée abandonnée sur le pont et me levai d'un bond pour l'affronter. Il était bien plus fort que moi, mais j'étais agile et rapide. Je l'esquivai au moment où il me portait un coup, ce qui lui fit perdre l'équilibre. Il tomba à genoux et j'en profitai pour le pousser de toutes mes forces par-dessus bord.

« Prends ça, tête de rascasse ! » hurlai-je.

Mais il n'en avait pas fini avec moi : dans sa chute, il agrippa ma cheville et m'entraîna avec lui par-dessus le bastingage.

Je tombai dans l'eau et coulai à pic. La lumière au-dessus de moi disparut à une vitesse folle. Je n'avais aucune idée de ce qui avait pu arriver à Théo, à l'équipage ou même aux autres pirates. Tout ce que je savais, c'était que je m'enfonçais dans les profondeurs et qu'un grand froid me pénétrait jusqu'aux os.

Alors que je luttais désespérément pour remonter à la surface, je me rendis soudain compte que je n'étais pas seule dans l'eau. Un être dont mon frère m'avait souvent parlé se dirigeait droit vers moi : une Lune d'Eau, la licorne protectrice des marins et la créature la plus magique des mers. Et il n'y en avait pas qu'une : elles étaient plusieurs !

Leurs robes se déclinaient en toutes sortes de nuances : turquoise vif, bleu foncé, blanc comme l'écume d'une vague et rose comme le corail. On m'avait raconté qu'elles n'apparaissaient qu'au clair de la lune, mais ce n'était donc pas vrai.

La licorne qui évoluait avec grâce dans ma direction était rose et arborait une corne de corail. À bout de souffle, je me sentis traversée par une rafale de magie et me retrouvai au milieu d'une bulle d'air géante qui me permit de respirer à nouveau. Mon cœur bondit dans ma poitrine lorsque, juste devant moi, je vis Théo, lui aussi à l'abri d'une bulle d'air magique. On se serait cru dans une de ces légendes des marins d'antan. Je me hissai sur le dos de la licorne rose et attrapai fermement sa crinière.

La mer scintillait de couleurs et de lueurs magnifiques, d'algues brillantes et d'un kaléidoscope de poissons qui filaient en tous sens. Nous avions eu la chance de tomber sur le lieu féerique où vivaient ces incroyables créatures.

Trop vite, je sentis que je rejoignais la surface. Un véritable chaos régnait à bord tandis que les marins rescapés remontaient sur le pont et que les licornes galopaient sur les vagues à nos côtés. Lorsqu'elles virent que tout allait bien, elles hennirent et disparurent sous les eaux écumantes.

Les pirates, dont le bateau avait été éventré par un des rochers saillants, nageaient désespérément pour rejoindre la côte. Bien qu'ils ne le méritassent pas, les Lunes d'Eau aidèrent tous les forbans qui en avaient besoin.

Malgré ces péripéties, nous délivrâmes la cargaison dans les temps, à la grande satisfaction de notre capitaine. Jamais nous n'oubliâmes notre rencontre avec les Lunes d'Eau. C'est en chuchotant que l'équipage parlait de l'étrange magie de la passe de la Caldera, et un matin, en me réveillant, je découvris que quelqu'un avait sculpté la tête d'une licorne sur la proue de notre navire. Un des marins avait dû y consacrer sa nuit pour nous porter chance encore davantage.

Après une telle aventure, plus personne ne se risqua à s'opposer à ma volonté de naviguer. Pendant trente années, je dirigeai une flotte de navires sur la Méditerranée et devins célèbre sous le nom de la « Grande Aventurière de Cyrus ». Je vis quantité de Lunes d'Eau pendant ma carrière de capitaine, et si j'écris aujourd'hui ces quelques pages, c'est pour faire connaître l'existence de ces douces créatures et transmettre mon histoire. À quiconque lira mon récit : j'espère que vous croiserez vous aussi des Lunes d'Eau sur votre chemin et que vous vivrez vos propres aventures.

Les Ombres de Nuit

Ces licornes éthérées sont faites de pure magie.
Elles évoluent entre le monde des esprits,
le monde des rêves et le monde réel.

Étude de cas n° 3

Arthur Sims

Lieu

Londres, Royal Albert Hall

Époque

Fin du XIXe siècle

Statut dans la Confrérie

Membre visionnaire

Notes de Selwyn

Il arrive parfois aux membres de la Confrérie de dénicher des histoires de licornes dans les lieux les plus improbables. Voici des coupures de presse qui ont été découvertes… dans nos propres archives ! Elles racontent l'histoire d'Arty la Culbute, le plus célèbre acrobate de son temps.

Ce n'est pourtant pas aux voltiges d'Arty que s'intéressaient les journaux, mais à sa rencontre avec une Ombre de Nuit et à la façon dont, grâce à lui, le jubilé de la reine Victoria fut sauvé de la catastrophe !

Un GALA *au* GALOP

16 juin 1887
Au service de la reine

Les lecteurs de *La Chronique de Londres* apprendront avec ravissement que Monsieur Arthur Sims, plus connu sous le nom d'Arty la Culbute, est revenu dans sa ville natale à l'occasion d'une représentation de gala des plus particulières.

Monsieur Sims était en pleine tournée en Amérique du Nord lorsque Sa Majesté la reine Victoria lui a demandé de se produire à l'occasion de son jubilé. Comment aurait-il pu refuser ?

Les Virevoltants Voltigeurs, la fameuse troupe de Monsieur Sims, participeront aux festivités organisées au Royal Albert Hall le 20 de ce mois. Ils seront accompagnés de l'Énigmatique Roderick, maître de magie, ainsi que de Pongo et Tibs, les plus célèbres clowns du monde.

Monsieur Sims, au comble de l'élégance dans son costume trois pièces, ses cheveux noirs lissés en arrière mais les traits quelque peu tirés par les effets de la fatigue d'un éprouvant voyage en mer, a déclaré :

« J'aime follement Londres ; elle n'a son pareil nulle part dans le monde. Les mots me manquent pour dire combien je suis fier de me produire devant Sa Majesté. Maintenant, si vous voulez bien m'excuser, j'ai un numéro à répéter ! »

Il nous faut cependant avertir nos lecteurs que, compte tenu de la haute importance accordée à la sécurité de Sa Majesté, la représentation ne sera pas ouverte au public. Quelques places seront toutefois proposées à la loterie. Bien entendu, un journaliste de la *Chronique* disposera d'une place de choix afin de vous faire le récit fidèle du déroulé complet de cet événement enthousiasmant.

17 juin 1887
La reine assaillie par des gredins

Notre reine Victoria a de nouveau été attaquée par des voleurs. Nous avons appris de sources sûres que, tandis que Sa Majesté assistait à un opéra à Covent Garden, un brigand s'est fait passer pour un membre de sa suite dans l'intention de lui voler les bijoux qu'elle arborait.

Nous sommes au comble du soulagement de pouvoir rapporter qu'une dame de compagnie aussi courageuse qu'observatrice a arrêté le vaurien avant qu'il ne puisse mettre son projet à exécution. Elle n'avait jamais vu ce prétendu serviteur auparavant, or elle savait pertinemment que la reine Victoria ne permettrait jamais à un nouveau domestique de l'accompagner lors d'une apparition publique aussi importante. Elle a immédiatement appelé un agent de police et c'est à ce moment-là que le criminel a pris la fuite. Hélas, malgré la description extrêmement détaillée fournie par la jeune femme, la police n'est pas parvenue à retrouver la trace du coquin.

À quelques jours des célébrations du cinquantième anniversaire du règne de notre monarque, *La Chronique de Londres* s'inquiète à l'idée que des malfaiteurs puissent fomenter des actes plus répréhensibles encore. La police se satisfait-elle de voir notre reine exposée aux assauts répétés de ces brigands ? Il est urgent d'agir !

18 juin 1887 – Arty fait la culbute

Ce matin, notre reporter a été invité à admirer Arty la Culbute et ses Virevoltants Voltigeurs pendant leur répétition, en vue de la représentation célébrant le jubilé de la reine. Quel spectacle grandiose ! À voir les gracieuses demoiselles et les élégants messieurs tourbillonner dans les airs en adressant un défi téméraire à la gravité, on aurait presque pu croire qu'il s'agissait de fées en plein vol.

Hélas, il semblerait qu'Arty la Culbute, l'artiste préféré de la reine, ne soit pas au mieux de sa forme. Alors qu'il se balançait dans les airs pour répéter son dernier numéro, le plus audacieux de tous, il a poussé un hurlement et est tombé à terre. Heureusement, il n'a pas été gravement blessé, mais lorsque nous nous sommes précipités près de lui pour l'aider, voici ce qu'il nous a confié :

« Je l'ai revu ! Le cheval noir avec une corne comme une lance. Il me suit partout, que je sois éveillé ou endormi. Une telle vision ne peut être que de mauvais augure… »

Tandis que le reste de la troupe accourait pour secourir le malheureux acrobate, nous n'avons pu nous empêcher de remarquer que son front luisait de sueur et qu'un curieux rictus déformait sa bouche. Gageons qu'il a été poursuivi par un cauchemar jusque dans notre monde,

car personne d'autre dans la salle n'a vu le moindre cheval noir et il n'y en a pas un seul dans le spectacle.

Lors d'une surprenante déclaration, un jeune garçon du nom de Gaveston, nouvelle recrue des Virevoltants Voltigeurs, a affirmé qu'un événement similaire s'était déjà produit :

« Monsieur Arty a régulièrement des visions. La plupart du temps, il voit un grand cheval noir, comme un étalon sorti d'un champ de bataille, sauf que celui-là a une corne sur la tête. La nuit, il en rêve, et le jour, ce cheval le hante, ce qui le rend distrait. Les autres membres de la troupe ne sont pas très contents : que se passerait-il si Monsieur Arty avait une de ses visions au moment où il doit nous rattraper en plein vol ? Je ne crois pas que la reine Victoria serait ravie de nous voir nous écraser comme des crêpes ! »

19 juin 1887 – Le rêve de l'acrobate

Le gala du jubilé de la reine doit se tenir demain soir, et voici en exclusivité des nouvelles de la santé de l'acrobate Arthur Sims.

Selon Gaveston, Monsieur Sims est encore troublé par ses visions d'un cheval noir orné d'une corne. Mais dans ses rêves, il voit désormais la reine en personne, ainsi qu'un « homme louche, menaçant, aux longues jambes d'araignée ».

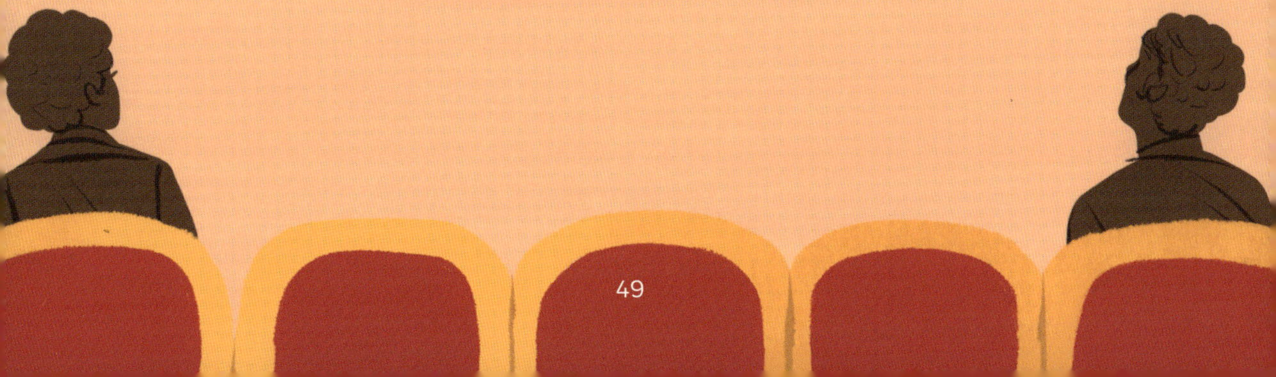

Monsieur Sims a raconté tout cela à une voyante, Madame Hiéroglyphica, également membre de la troupe. Selon nos informations, Madame Hiéroglyphica est une diseuse de bonne aventure de grand talent à qui Monsieur Sims accorde toute sa confiance pour déchiffrer ses rêves et ses visions troublantes. Il semble que Gaveston ait collé son oreille contre la porte pendant la consultation, et voici ce qu'il a entendu :

« Arty, tu es affecté par une magie profonde, disait-elle. Cette créature que tu vois dans tes rêves, c'est une licorne. Elle n'est pas comme celles qui sont dessinées sur les armoiries ; elle appartient à une espèce sombre et mystérieuse, appelée Ombre de Nuit. Selon la légende, ces êtres apparaissent dans les rêves et dans le monde éveillé pour porter des messages ou des avertissements. Mais n'aie pas peur, Arty. Rien de néfaste ne peut arriver à celui qui a en lui suffisamment de courage pour écouter une Ombre de Nuit. Quel que soit le message que cette licorne essaie de te transmettre, écoute-la ! »

21 juin 1887 - Le grand soir

La rédaction de *La Chronique de Londres* a encore du mal à croire ce qui s'est déroulé hier soir lors du gala du jubilé ; il est pourtant de notre devoir d'en informer nos lecteurs. Aussi incroyable que cela puisse paraître, chacun ici est prêt à jurer qu'il s'agit de la plus pure vérité. Notre journaliste y était, et voici ce qu'il a vu :

La soirée avait bien commencé. L'air vibrait d'enthousiasme et d'excitation, la salle était pleine à craquer. Un garde armé se tenait au garde-à-vous à l'entrée et ne laissait passer personne qui n'eût été rigoureusement fouillé au préalable. Sa Majesté prit place à 7 heures, coiffée d'une étincelante tiare de diamants qu'elle n'avait encore jamais portée en public. Il était clair pour tout le monde qu'elle avait fermement l'intention de montrer qu'elle ne se laisserait pas intimider par les récentes tentatives de vol dont elle avait été victime.

L'orchestre se mit à jouer et le spectacle débuta. Sa Majesté regarda le magicien et les clowns d'un air approbateur. Enfin, le moment de justifier fièrement leur nom arriva pour les Virevoltants Voltigeurs.

Juchés sur leurs trapèzes, Arty la Culbute et son compagnon Gaveston commencèrent à se balancer. Soudain, Gaveston se laissa tomber et le public poussa une exclamation de stupeur. Arty le rattrapa à la dernière minute… avant de le relâcher, provoquant de nouveaux cris d'épouvante. Mais Gaveston parvint à saisir son trapèze avec une grande agilité, Arty voltigea jusqu'au sien et le public applaudit, soulagé et fasciné.

Arty adressa un sourire à la foule. Tout semblait se dérouler à merveille lorsque, tout à coup, sa bouche se déforma, et l'acrobate s'écria : « La licorne noire, je la vois, elle m'appelle ! »

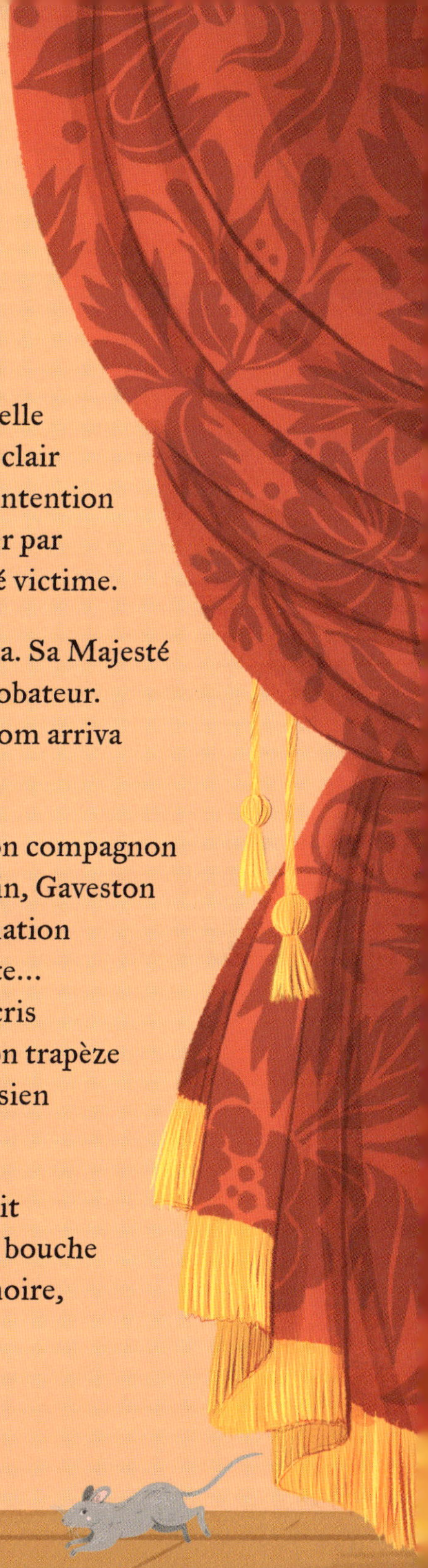

L'orchestre se tut. Arthur Sims leva une main tremblante et toutes les têtes se tournèrent pour suivre son regard. Certains aperçurent la licorne qui passa tel un nuage noir chassé par le vent, d'autres ne virent rien du tout. Des cris de terreur retentirent dans la salle. Arty se retourna brusquement et désigna du doigt un point au-dessus de Sa Majesté la reine. Un homme aux membres grêles et au regard mauvais était suspendu à une corde accrochée aux poutres du plafond. Tous les projecteurs étaient braqués sur lui. Le bras tendu, il était sur le point de s'emparer de la tiare de diamants de la reine.

Qui sait ce qui se serait produit si Arty Sims n'avait pas été là ? Un homme moins courageux aurait hésité ou préféré croire qu'il avait des visions, mais pas Arty la Culbute, qui n'avait pas oublié l'avertissement de la licorne. Il mobilisa toutes ses forces pour lancer son trapèze en avant et, en poussant un cri puissant qui retentit dans toute la salle, il s'envola. Puis, au dernier moment, il lâcha son trapèze et fendit l'air dans une audacieuse voltige, et atterrit sur le voleur qui lâcha la corde à laquelle il était agrippé.

Les deux hommes tombèrent comme des pierres. Une fois à terre, Arty Sims s'engagea dans une lutte au corps à corps avec le voleur. Les suivantes de la reine se hâtèrent de cacher à la souveraine la vue des deux hommes qui se battaient à coups de poing dans la loge royale.

Arty parvint à maintenir l'homme au sol, qui se débattit comme une fouine prise au piège jusqu'à ce que la police arrive et lui passe les menottes.

Tout le public, qui n'aurait pu rêver vivre une soirée si palpitante, se leva pour offrir à Arty Sims une véritable ovation. Quant à l'homme qui avait osé approcher la reine de cette manière, on raconte qu'il croupit au cachot. Après la représentation, Sa Majesté rendit visite aux artistes pour les remercier et décerna à Arty Sims une décoration spéciale.

Il semble que l'Ombre de Nuit, licorne noire bienfaisante du monde des rêves, soit passée à Londres pour nous aider à éviter une catastrophe, ce pour quoi, chers lecteurs, nous lui serons éternellement reconnaissants.

Les Fleurs des Bois
soignent et protègent.

Les Ombres de Nuit
apparaissent
dans les rêves.

Les Fleurs des Bois

Ces licornes sont douces et gentilles.
Les fleurs magiques entremêlées à leur crinière et à leur queue leur donnent un don de guérison.

Étude de cas n°4

Lizzie Elms

Lieu

Manhattan, New York, États-Unis

Époque

De nos jours

Statut dans la Confrérie

Membre, observatrice de licornes et archiviste

Notes de Selwyn

Il est très rare de voir des licornes dans les villes, et encore plus dans une des plus agitées du monde. Lizzie Elms avait juste 12 ans lorsqu'elle découvrit un recoin magique de Central Park où les Fleurs des Bois évoluent en toute liberté.

Lizzie éprouve un amour profond pour la nature et les animaux, qualité que les Fleurs des Bois savent déceler chez les humains. Après sa rencontre avec ces créatures, Lizzie en informa la Confrérie des Licornes Magiques pour s'assurer qu'elles seraient surveillées et protégées.

Les LICORNES *de* CENTRAL PARK

Lizzie Elms retrouva son arbre préféré, un vieux chêne majestueux, et s'assit sous ses branches pour s'abriter du soleil. Elle sortit de son sac à dos un livre qu'elle avait emprunté à la bibliothèque et lécha le sel du gros bretzel bien moelleux qu'elle avait acheté en arrivant dans le parc.

Niché au beau milieu des gratte-ciel étincelants, Central Park est une oasis de verdure dans le bruit et le tohu-bohu de New York. Lizzie adorait s'y rendre après l'école - surtout au printemps, lorsque les gaies jonquilles teintaient les pelouses de taches jaunes et que des fleurs roses et duveteuses tachetaient le feuillage des arbres, leur donnant des airs de barbe à papa.

Soudain, un éclair rouge attira son regard : un oiseau venait de passer à toute allure au-dessus de sa tête. « Un cardinal ! » s'écria Lizzie. Elle sortit son cahier pour noter cette nouvelle créature repérée dans le parc. Au cours des dernières semaines, elle y avait déjà vu des tamias, des moufettes, des marmottes et toutes sortes d'oiseaux.

Elle s'adossa au vieux chêne et ouvrit son livre, un guide des créatures magiques et de leurs habitats. Tout en grignotant son bretzel et en écoutant les étourneaux gazouiller, Lizzie lut des histoires sur les Esprits de chouettes, qui protègent les animaux nocturnes, sur les Écureuils argentés, qui s'occupent des arbres et sur les Gardiens de la forêt, des renards dont la tâche est d'assurer la sécurité des bois. Mais les créatures qu'elle aimait par-dessus tout, c'était les Fleurs des Bois, des licornes dotées de pouvoirs de guérison.

En levant le nez de son livre, Lizzie remarqua les yeux scrutateurs et curieux d'un écureuil fixés sur elle. « Coucou, toi, jolie frimousse », murmura-t-elle doucement. L'écureuil remua le nez mais ne bougea pas. Les animaux n'avaient jamais peur d'elle, comme s'ils sentaient à quel point elle les aimait.

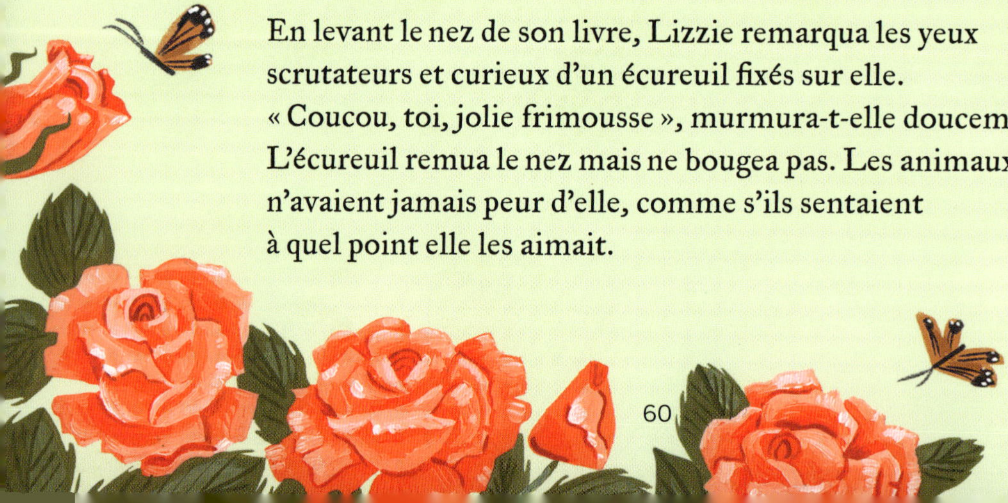

J'aimerais que tu aies vraiment des pouvoirs magiques, pensa Lizzie en lançant la dernière bouchée de son bretzel à l'écureuil ravi.

Constatant qu'elle était en retard, elle se releva d'un bond. Elle jeta son livre dans son sac à dos et partit à toute vitesse, en s'arrêtant en chemin pour ramasser et mettre à la poubelle les emballages de barres chocolatées, les paquets de chips vides et les bouteilles en plastique qu'elle trouvait sur sa route. Lizzie détestait voir des déchets traîner, surtout dans un endroit aussi beau que Central Park.

« Salut, Lizzie ! » cria une vieille dame en salopette et sabots de jardinage lorsqu'elle arriva, hors d'haleine, au jardin communautaire de Central Park.

« Bonjour, Jan, répondit-elle en tentant de reprendre son souffle. Que veux-tu que je fasse aujourd'hui ? »

Jan était la responsable du jardin, et c'était aussi la meilleure amie de la maman de Lizzie. Quand Lizzie s'était portée volontaire pour travailler dans le jardin communautaire, Jan lui avait enseigné tout ce qu'elle savait sur les plantes et les fleurs.

« Mmmmm…, répondit Jan, en passant la main sur son front qu'elle macula d'une belle trace de terre. Il y a tant à faire que je ne sais pas trop par où commencer. Et si on s'occupait du jardin aux papillons ? »

L'été précédent, Lizzie avait aidé Jan à concevoir un jardin de fleurs spécialement destinées à attirer les pollinisateurs.

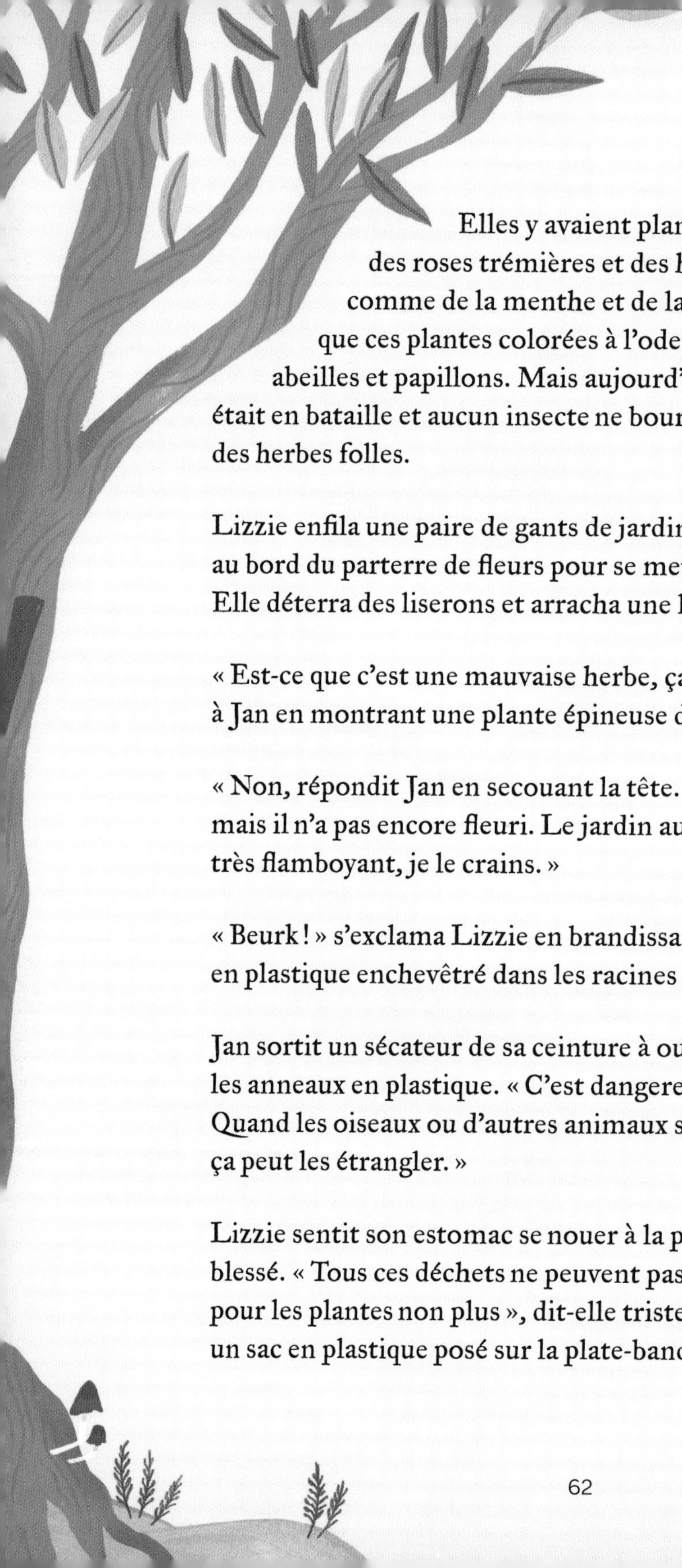

Elles y avaient planté de la lavande, des roses trémières et des herbes odoriférantes comme de la menthe et de la sauge, dans l'espoir que ces plantes colorées à l'odeur sucrée attireraient abeilles et papillons. Mais aujourd'hui, le jardin était en bataille et aucun insecte ne bourdonnait autour des herbes folles.

Lizzie enfila une paire de gants de jardinage et s'agenouilla au bord du parterre de fleurs pour se mettre au travail. Elle déterra des liserons et arracha une liane bien enracinée.

« Est-ce que c'est une mauvaise herbe, ça ? » demanda-t-elle à Jan en montrant une plante épineuse du bout de sa binette.

« Non, répondit Jan en secouant la tête. Ça, c'est un chardon, mais il n'a pas encore fleuri. Le jardin aux papillons n'est pas très flamboyant, je le crains. »

« Beurk ! » s'exclama Lizzie en brandissant un porte-cannettes en plastique enchevêtré dans les racines d'une plante.

Jan sortit un sécateur de sa ceinture à outils et découpa les anneaux en plastique. « C'est dangereux, ces trucs-là... Quand les oiseaux ou d'autres animaux se coincent dedans, ça peut les étrangler. »

Lizzie sentit son estomac se nouer à la pensée d'un animal blessé. « Tous ces déchets ne peuvent pas être bons pour les plantes non plus », dit-elle tristement, en ramassant un sac en plastique posé sur la plate-bande.

Elle aurait tant aimé que les créatures de son livre soient réelles. Si les animaux magiques existaient vraiment, ils pourraient redonner vie au jardin aux papillons.

Lorsqu'elle eut terminé d'arracher les mauvaises herbes de la plate-bande et d'arroser le parterre des légumes, il fut temps de rentrer à la maison. Juste avant de partir, elle vit passer un papillon doré sorti de nulle part. Lizzie sourit. Il y avait au moins un papillon dans le jardin.

« Au revoir ! » lança-t-elle à Jan avant de partir vers le bois.
« Au revoir, Lizzie ! répondit Jan. Passe le bonjour à ta maman pour moi. »

Lizzie s'aventura au milieu des arbres tandis que le soleil de la fin d'après-midi faisait des percées à travers les feuilles. Dans le lointain, elle distinguait le bruit des klaxons à l'heure de pointe. Soudain, le papillon doré réapparut en voletant. Elle savait que les animaux l'aimaient bien, mais décidément ce papillon avait très envie d'attirer son attention.

« Que voulez-vous, monsieur ? » lui demanda-t-elle en riant.

Le papillon s'arrêta et se posa sur une branche, comme s'il allait lui répondre. Lizzie tendit le bras pour le toucher et fit immédiatement un bond en arrière.

« Aïe ! » cria-t-elle en regardant la tache de sang sur sa main piquée par une épine.

Elle leva les yeux et constata que le papillon, reparti dans les broussailles, voletait de feuille en feuille.

« Dis donc ! s'écria-t-elle. Tu aurais pu me prévenir que ça piquait, par ici. »

Soudain, elle sentit un mouvement : quelque chose venait de sortir sans bruit de derrière un fourré. Lizzie poussa une exclamation de surprise. Une créature à la robe marron velouté se dressait, fière et altière, devant ses yeux. C'était vers elle que le papillon l'avait conduite.

L'animal la regardait de ses yeux couleur chocolat pleins de sagesse. Il s'approcha d'elle avec lenteur et Lizzie vit que sa crinière était entremêlée de roses rouges et d'autres fleurs à l'aspect magique.

Une licorne !

La licorne baissa la tête devant Lizzie toute tremblante. Un pétale d'une fleur de sa crinière tomba sur la paume de Lizzie et, instantanément, guérit sa blessure. Lizzie tendit la main et caressa doucement la crinière marron soyeuse de la créature féerique pour la remercier. Elle était exactement comme les Fleurs des Bois de son livre ! La licorne pencha la tête et repartit dans les bois en trottinant. Ses sabots en forme de cœur frappaient la mousse sans faire le moindre bruit. Lizzie ressentit le besoin irrépressible de la suivre.

La licorne la conduisit jusqu'à un recoin du parc qui semblait crépiter de magie. D'un seul coup, l'air scintilla et parut s'étirer autour d'elles, comme une bulle de savon géante, jusqu'à ce que soudain, pop ! elles passent toutes deux de l'autre côté. Clignant des yeux de stupeur, Lizzie se retrouva dans le plus beau jardin qu'elle ait jamais vu.

Des roses de toutes les nuances imaginables formaient des arches tout autour d'elles et emplissaient l'air de leur doux parfum. Il y avait des buissons en forme d'oiseaux et de cœurs, et des parterres couverts de fleurs de toutes les couleurs : dahlias, dauphinelles, pensées, pétunias. Certaines espèces, que Lizzie n'avait jamais vues de sa vie, étaient ornées de pétales aux couleurs de l'arc-en-ciel. Au centre du jardin, des nénuphars géants arborant d'énormes fleurs violettes flottaient sur un étang auquel s'abreuvait une licorne.

D'autres licornes s'occupaient des plantes. L'une d'entre elles toucha un buisson de sa corne et fit apparaître des fleurs en forme de petites clochettes bleues. Une autre frappa le sol de ses sabots, faisant jaillir par magie du sol une liane aux feuilles rouge vif.

La licorne de Lizzie lui fit visiter le jardin où s'épanouissaient des buissons de raisin d'ours aux baies rouges et juteuses, des orchidées aux couleurs vives et des agaves hérissés d'épines. Elle les reconnut toutes grâce à son livre sur les créatures magiques : ces plantes étaient la nourriture préférée des licornes.

Pendant le reste de l'après-midi, Lizzie tailla et élagua les végétaux aux côtés des Fleurs des Bois qui soignaient avec une grande délicatesse les plantes et les fleurs qui poussaient dans leur jardin.

« Vous avez beaucoup de chance, leur dit-elle. Grâce à la magie, votre jardin est vraiment très, très beau. »

Ce n'est pas seulement la magie qui embellit notre jardin, répondit la Fleur des Bois. *C'est parce que nous nous en occupons toutes ensemble.*

Lizzie fut frappée de stupeur. La licorne avait parlé directement dans sa tête ! Elle aurait voulu rester plus longtemps, mais le soleil commençait à se coucher et sa maman se ferait du souci si elle ne la voyait pas rentrer à la maison.
« Il faut que j'y aille, dit-elle à regret, mais je vous remercie pour cet après-midi magique. »

Nous te remercions pour ton aide, Lizzie, répondit la Fleur des Bois. La licorne agita la tête et des graines de fleurs emmêlées dans sa crinière tombèrent dans les mains de Lizzie. *Et en retour,* reprit-elle, *j'espère que ces graines apporteront un peu de magie dans ton jardin...*

Deux semaines plus tard, une bannière annonçant « Bienvenue à notre journée portes ouvertes ! » flottait au-dessus de l'entrée du jardin communautaire. Des bénévoles étaient affairés à ramasser les déchets, à arroser les parterres et à biner le petit potager.

« Quelle bonne idée d'organiser une journée portes ouvertes », se réjouit un homme qui poussait une brouette pleine de compost.
« C'était l'idée de Lizzie », répondit Jan.
Pas tout à fait, pensa Lizzie. Elle devait cette inspiration à la Fleur des Bois.

Le lendemain de sa rencontre avec les licornes, dans le plus grand secret, Lizzie avait semé les graines magiques dans le jardin communautaire. Au cours de la nuit, des plantes s'étaient mises à pousser et leurs fleurs s'épanouissaient à présent dans une véritable folie de couleurs et selon des combinaisons qu'aucun des jardiniers n'avait encore jamais vues. Les abeilles bourdonnant de fleur en fleur en collectaient le pollen tandis que des papillons aux ailes assorties aux soucis orange et jaunes voletaient dans les airs. Le jardin communautaire de Central Park était florissant et, ce jour-là, des dizaines de personnes s'étaient portées volontaires afin qu'il le reste pour toujours.

« Waouh ! s'exclama Jan en jetant un regard de fierté tout autour d'elle. C'est incroyable ce qu'on peut accomplir en travaillant tous ensemble. »

Lizzie jeta un œil en direction du bois. Elle aurait juré avoir aperçu une corne torsadée qui dépassait derrière un arbre...
Oui, pensa-t-elle en esquissant un petit sourire. *En travaillant tous ensemble... Et avec une pincée de magie de licorne !*

Les Vagabondes des Glaces

Les Vagabondes des Glaces vivent dans des climats très froids.
Elles peuvent communiquer sur de longues distances
grâce à une lumière magique.

Étude de cas n° 5

Lena Bauer

Lieu

Alpes autrichiennes

Époque

XIVe siècle

Statut dans la Confrérie

Personnage historique et témoin majeur

Notes de Selwyn

Lena Bauer a écrit l'un des premiers récits témoignant de l'existence des Vagabondes des Glaces. Si son journal s'est transmis de génération en génération dans sa famille, nous n'en avons pris connaissance que très récemment.

On a toujours cru que les Vagabondes des Glaces n'existaient qu'aux pôles, mais nous savons désormais qu'autrefois, elles s'épanouissaient au sommet des plus hautes montagnes ; une découverte des plus étonnantes !

La FUITE *des* LICORNES

Mardi 5 – Montagnes du Sud

Ce matin, j'ai enfilé mes bottes les plus chaudes et j'ai quitté le camp pour partir à la recherche des Vagabondes des Glaces. Le temps était dégagé et il faisait bon dans la vallée, mais je savais que les conditions climatiques seraient bien plus dures là-haut.

On raconte depuis toujours que ces licornes vivent sur les pics glacés des Alpes. Les chevriers et les courageux voyageurs qui traversent les montagnes connaissent leur force et leur endurance. Ils disent qu'elles arborent des cornes de nacre et ne craignent pas le froid, qu'elles ont la force de dix chevaux et peuvent communiquer même de très loin. Le général a décidé que ces licornes seraient un atout pour son armée.

Je n'aime pas beaucoup être éclaireuse dans l'armée alpine du général Krumm, mais quand on vient du village d'Alterhaus, on n'a pas le choix. Son domaine, une forteresse haut perchée, lui sert de base pour contrôler les montagnes du Sud d'une main de fer. Tout le village ne vit que pour servir le général, rendu énorme par son avidité et féroce par ses abus de pouvoir.

« Lena ! a-t-il aboyé à mon intention hier. Une paysanne née dans les montagnes comme toi doit sûrement savoir où chercher les Vagabondes des Glaces. Va, et trouve-les pour moi. » J'ai répondu d'un simple : « Oui, mon général. » Il était évident que je n'avais pas le choix.

Aujourd'hui, à mesure que l'herbe verte et la douce chaleur cédaient la place aux vents glaciaux et au terrain gelé des hauteurs, j'ai maudit le général Krumm. Je viens de me blottir dans ma peau de mouton, toute seule devant un feu de camp pour la nuit, et j'espère pouvoir raconter en détail les faits et gestes de ces insaisissables créatures.

Mercredi 6 – Les Fleurs d'Argent

Ce matin, je me suis réveillée les cils recouverts de gel. Le temps avait empiré et la neige tombait à gros flocons. Comme mon feu était éteint, j'ai dansé pour me réchauffer, inventant une version improvisée de la schuhplattler, notre danse traditionnelle, sous les yeux d'une chèvre des montagnes intriguée. Ce début de journée aussi frigorifiant qu'étrange allait déboucher sur quelque chose de bien plus excitant.

Dans un ruisseau qui n'était pas encore intégralement gelé, j'ai bu longuement et me suis aspergé le visage pour achever de bien me réveiller. C'est alors que j'ai remarqué un bosquet de fleurs d'argent à moitié grignotées. J'étais sur la bonne piste : je savais que cette plante d'hiver, très résistante, était la nourriture préférée des Vagabondes des Glaces.

J'ai remonté le cours du ruisseau jusqu'à ce que l'air se raréfie et que ma tête se mette à tourner lorsque je regardais vers le bas. Même pour une « paysanne des montagnes », la hauteur de ce sommet était impressionnante. Alors que je gravissais la côte glacée, j'ai soudain vu des rais de lumière rose et jaune traverser le ciel. J'avais déjà entendu parler de ce phénomène sans l'avoir jamais vu : c'était la magie des Vagabondes des Glaces.

J'étais tombée sur un rassemblement de licornes ! Elles étaient là, devant moi, à piaffer et à se saluer en faisant s'entrechoquer leurs cornes, ce qui faisait trembler toute la montagne.

J'ai alors compris pourquoi on disait que ces licornes déclenchaient parfois des avalanches sans le vouloir. J'étais sous le charme de leurs robes blanc nacré et des vagues de magie rose et jaune qu'elles dégageaient. Ces nuées les enveloppaient comme de la vapeur qui monte d'une source chaude.

Le problème, c'est que je vais devoir dire au général Krumm ce que j'ai découvert. Je sais qu'il sera content mais au fond de moi, je sens comme un malaise.

Lundi 11 – Dans le donjon d'Alterhaus

Comme je l'avais prédit, le regard de Krumm s'est illuminé lorsque je lui ai raconté ce que j'avais vu.
« Enfin ! s'est-il écrié. Je les tiens. Avec des Vagabondes des Glaces dans mon armée, rien ne pourra m'empêcher de conquérir la vallée tout entière. Alterhaus n'est que le début. Je vais pouvoir attaquer le château de la reine Sofia et devenir le souverain absolu de toutes les montagnes. »

Ce que je n'avais pas prévu en revanche, c'était que je continuerais d'écrire ce journal dans un cachot… Mais il faut que je commence par le début…

Le lendemain de mon retour, après que j'ai raconté ma découverte à Krumm, tout Alterhaus s'est mis à grouiller d'agitation. Il n'y avait pas une minute à perdre. Les chevaux ont été sellés, les hommes ont passé leurs cottes de mailles et leurs armures,

et les bannières ont été hissées haut. Quelques heures plus tard, nous partions en direction du repaire des licornes.

Krumm dirigeait l'expédition et, au moindre signe de ralentissement, fouettait sa pauvre monture qui ployait sous le poids de son énorme corps. Le visage du général était déformé de joie, mais ses hommes étaient tendus et nerveux. Il est dangereux de mener des chevaux si haut dans la montagne. Et puis, ils savaient que s'ils n'attrapaient pas les licornes et qu'ils ne les soumettaient pas à la volonté de Krumm, ils seraient sévèrement punis. Personne n'a envie de passer le reste de sa vie à croupir dans un des cachots glacés d'Alterhaus. J'en sais quelque chose.

À cheval, le trajet était bien plus aisé et plus rapide qu'à pied. J'étais en croupe derrière un soldat, et j'avais une vue terrifiante sur les à-pics qui nous entouraient. Ce soldat portait une armure épaisse et une épée menaçante. Dans les sacoches accrochées à la selle étaient rangés des filets de corde solide. J'ai eu pitié des belles licornes, condamnées à devenir de simples chevaux de guerre de l'armée de Krumm.

Grâce à mes indications, Krumm et ses hommes n'ont pas tardé à trouver le ruisseau aux magnifiques fleurs d'argent et les licornes qui paissaient le long de ses rives.

« Par les dieux ! » s’est exclamé Krumm. Plusieurs de ses hommes ont eux aussi poussé des exclamations de surprise. S’ils avaient entendu des histoires sur elles, ils ne s’étaient pas attendus à voir des bêtes aussi magnifiques. « Elles vont faire un malheur sur le champ de bataille, ça ne fait aucun doute », a-t-il ajouté.

« Elles ne sont pas faites pour se battre », ai-je grommelé.

Les licornes, agitées et nerveuses, ne se sont pourtant pas laissé impressionner. L’une d’entre elles s’est mise à frapper le sol de son sabot, envoyant une onde de choc dans le sol de la montagne.

Krumm a ordonné à ses hommes d’avancer, mais avant que nous ayons pu approcher, les licornes se sont enfuies à toute vitesse.

« Courez-leur après, bande d’abrutis ! hurlait Krumm. Attrapez-les et ramenez-les-moi, ou vous ne verrez plus jamais la lumière du jour ! »

Nous nous sommes lancés à leur poursuite. L’écho du son des sabots sur le sol et des hennissements de nos chevaux rebondissait sur les parois abruptes du massif. La montagne tremblait, et de gros paquets de neige se sont mis à tomber en cascade tout autour de nous. Plusieurs des hommes ont été désarçonnés et ont disparu dans une avalanche.

« Plus vite, bande de crétins, plus vite ! » hurlait Krumm.

Le soldat devant moi s'est penché et a tendu le bras pour saisir son filet, mais avant qu'il ait pu l'atteindre, j'ai décroché la sacoche qui est tombée par terre avec un bruit sourd.

« Sois maudite, Lena ! a-t-il hurlé. Tu iras moisir au cachot pour ça ! »

Je m'en fichais - les licornes ne méritaient pas la vie atroce qui les attendait. Mais mon stratagème n'a pas fonctionné : elles ont été traquées vers un terrain moins hostile en aval de la montagne. En les encerclant, nous sommes repartis en direction d'Alterhaus. Au moment où nous nous approchions du pont qui traverse la vallée, des soldats restés à la forteresse sont venus à notre rencontre.

Au milieu du pont, les licornes se sont retrouvées coincées entre les deux groupes de soldats. C'est alors que quelque chose de magique s'est produit. Elles se sont mises à frapper le sol de leurs sabots, et le vieux pont de pierre a commencé à trembler sous nos pieds. Des fissures sont apparues dans les pavés et toute la structure a frémi, comme un arbre sur le point de s'effondrer. Le sol de la vallée nous est soudain apparu très lointain, et notre vieux pont plus solide du tout.

Les soldats ont eu un mouvement de recul, et un rai de lumière magique, jaune et rose, est apparu de nulle part. Exactement le même phénomène que celui que j'avais observé, seule dans la montagne.

Les licornes se sont alors transformées en esprits, sous nos yeux. Les créatures de chair et de sang qui étaient là quelques instants auparavant étaient devenues des nuages magiques. J'ai entendu un des soldats chuchoter le nom des légendaires Vagabondes des Airs, ces Vagabondes des Glaces capables de se transformer en nuages.

Krumm, furieux, a ordonné une nouvelle charge. En vain : avant même que ses hommes aient pu bouger un doigt, les Vagabondes des Airs ont pris leur élan et sont parties au galop sur les ailes du vent. Au même moment, le pont a commencé à s'effondrer. Nous n'avions pas d'autre solution que de battre en retraite tandis que les vieilles pierres tombaient comme la grêle et que le pont disparaissait devant nos yeux.

Plusieurs jours ont passé, et la fureur de Krumm ne s'est pas apaisée. J'écris ces mots dans une cellule lugubre du cachot d'Alterhaus. Selon lui, tout est ma faute. Selon lui, j'aurais dû être au courant des pouvoirs magiques des licornes. Et même, j'aurais dû sauter sur l'occasion de les capturer au lieu de faire tomber le filet du soldat.

Je me retrouve désormais enchaînée par la cheville à un mur de cachot, avec des compagnons d'infortune qui ont eux aussi eu le malheur de provoquer la colère du général, et nous avons bien peu de chance de nous en sortir.

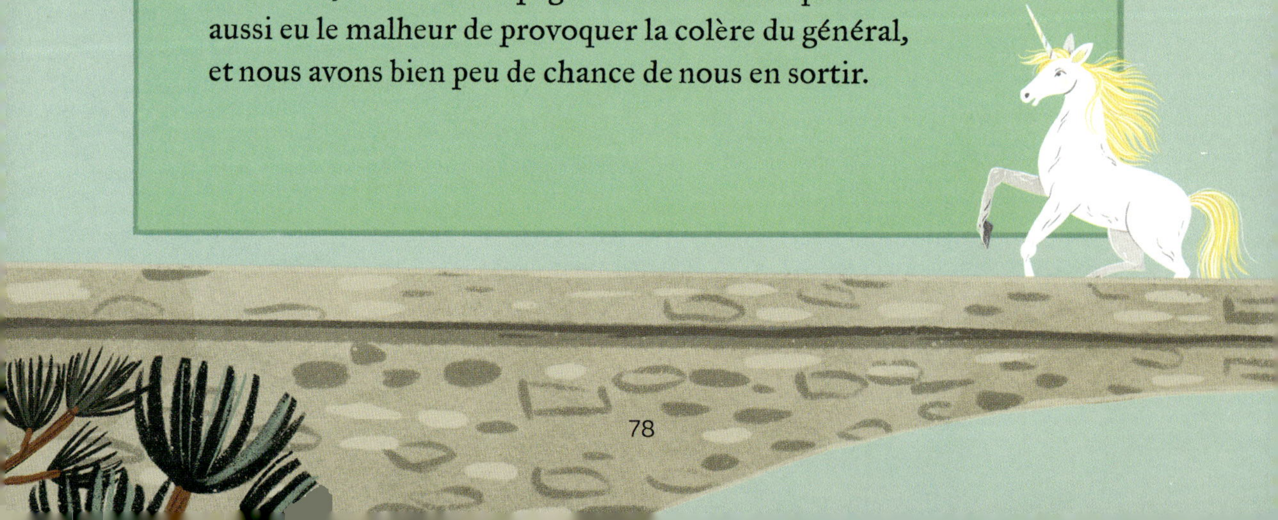

Jeudi 14 – Un miracle

Je suis libre, et le règne du général Krumm est terminé. J'ai du mal à le croire, mais c'est pourtant vrai.

La reine Sofia, sentant la faiblesse du général Krumm, a envoyé son armée ravager Alterhaus. Je l'ai vue approcher à travers les barreaux de ma cellule.

Les troupes de la reine ont mis la forteresse à sac en un rien de temps. Il s'est avéré que l'armée du général Krumm n'était pas la machine de guerre dont il se vantait, et que des hommes mal nourris ne pouvaient pas faire de bons soldats. Lorsque les forces de Sofia ont pris le dessus, les prisonniers enfermés dans les cachots ont été libérés et je dois avouer que j'ai ressenti un véritable moment de bonheur. Depuis ce jour, un sentiment de liberté flotte dans la vallée, et plus personne n'est soumis au joug de l'infâme général Krumm.

Quant aux Vagabondes des Airs, on ne les a plus jamais revues. Moi, je suis soulagée qu'elles se soient échappées, et je ne peux qu'espérer que leur magie perdure. Chaque fois que je vois un nuage bas illuminé par les rayons du soleil, je pense à ces esprits magiques des airs qui galopent sur les ailes du vent.

Que viennent le tonnerre, le soleil ou la pluie,

la magie des licornes jamais n'est démunie.

Les Suiveuses d'Orage

Ces licornes contrôlent les éléments, la pluie et le vent aussi bien que le tonnerre et la foudre.

Corne en quartz citron étoilé, en jade, en opale ou en pierre

Il existe quatre types de Suiveuses d'Orage : Orage, Soleil, Neige et Variable

Leur crinière et leur queue crépitent d'électricité

Les Suiveuses d'Orage représentent les émotions fortes, et elles ont le pouvoir d'influencer les éléments

Étude de cas n° 6

Amber Li et Jun Zhao

Lieu

Chine

Époque

De nos jours et dans un lointain passé

Statut dans la Confrérie

Amber Li est une source majeure et Jun Zhao
une personnalité mythique et mystérieuse

Notes de Selwyn

Amber Li est une jeune fille de Shanghai
autrefois plus intéressée par les jeux vidéo
que par la magie des licornes. Mais ça,
c'était avant qu'elle n'entende parler
de Jun Zhao et des Suiveuses d'Orage.

Jun Zhao vivait en Chine il y a mille ans,
à l'époque où la magie était partout dans l'air.
Amber était loin de se douter qu'elle était
l'héritière d'une parcelle de cette magie...

Le JOUR *de* L'ORAGE

Une pluie torrentielle tombait du ciel couleur d'ardoise. Amber regardait les gouttes ruisseler sur les carreaux de la fenêtre du salon. Dans le parc, juste en face, le vent hurlant secouait une balançoire vide. « Super, le samedi », dit Amber en soupirant.

« Mmmm, il y a un peu de vent on dirait ! » plaisanta sa grand-mère, qui venait de la rejoindre à la fenêtre. Un éclair de malice luisait dans ses yeux brillants et elle affichait un grand sourire. « Je trouve qu'il y a toujours quelque chose d'agréable dans les orages, pas toi ? »

Amber soupira. « Pas quand on a envie de jouer au foot. Je suppose que je peux toujours jouer en ligne... »

« Attends, avant de t'y mettre, j'ai quelque chose à te donner », lui dit sa grand-mère.

Elle farfouilla dans son sac et lui tendit un objet emballé dans du papier de soie. Amber le déballa soigneusement : il renfermait un petit morceau de poterie tout froid. À sa surface, peint en bleu foncé, on distinguait l'avant du corps d'une licorne cabrée, les sabots frappant un nuage.

« Merci mamie, dit Amber, perplexe. Mais qu'est-ce que c'est ? Et d'où ça vient ? D'un vase ? »

« Oui, mais pas n'importe lequel. C'est le dernier fragment d'un vase ayant appartenu à la Duchesse aux Bijoux. C'est à l'intérieur qu'elle conservait les pouvoirs des licornes Suiveuses d'Orage. »

« Qui est la Duchesse aux Bijoux ? Et c'est quoi, une licorne Suiveuse d'Orage ? » demanda Amber dont la curiosité était soudain piquée.

« Je te raconte la légende ? » demanda sa mamie.

Amber hocha la tête et se blottit contre elle sur le canapé. Très vite, l'histoire l'emmena très loin des klaxons des voitures et de la pluie battante, jusqu'aux toits de temples anciens au milieu de hauts sommets lointains.

*

Il était une fois, il y a très longtemps, une petite ville tranquille nichée dans une vallée luxuriante et flanquée de hautes montagnes. Les fermiers travaillaient dur dans les champs, les prêtres priaient dans les temples et les commerçants marchandaient dans les marchés. Tout était joyeusement à sa place, la nuit succédait au jour et les saisons passaient, les unes après les autres.

Dans cette petite ville habitait un jeune garçon prénommé Jun. Il consacrait sa vie à faire tout ce que sa mère lui demandait, sans jamais se plaindre. Il allait chercher des œufs, coupait du bois, lavait les draps et balayait les planchers. Et lorsqu'il ne s'occupait pas de la maison, il travaillait comme apprenti chez le forgeron.

Tout changea une année où, au début de l'été, le temps normalement calme et ensoleillé céda la place à des tempêtes hurlantes. À midi, le ciel s'assombrissait à tel point que l'on se serait cru en pleine nuit.

La pluie débordait des caniveaux et inondait les rues. Des éclairs fissuraient le ciel ; la foudre tomba sur un vieux saule et le coupa en deux jusqu'à la racine. Les gens commencèrent à murmurer que la ville était maudite.

Un après-midi pluvieux, en voyant la charrette de ses voisins emportée par les flots, Jun demanda à sa mère : « Est-ce que ce ne sont pas les licornes qui veillent depuis toujours au temps qu'il fait ? » « Si, répondit sa mère. Les Suiveuses d'Orage maintiennent les éléments à leur place. En tout cas, c'est ce qu'on raconte. »

Jun avait l'impression qu'il y avait une part de vérité dans ces vieilles histoires. Il écoutait attentivement ce qui se disait dans les champs, dans les temples et sur les marchés. Par exemple, que la Duchesse, dont la soif de richesses était légendaire, avait peut-être quelque chose à voir avec ce temps horrible. Elle vivait dans un palais à flanc de montagne et on chuchotait qu'elle avait récemment fait l'acquisition de quatre chevaux magnifiques aux pouvoirs étranges.

Jun, curieux de savoir si ces rumeurs étaient vraies, décida d'en avoir le cœur net. Il rassembla ses outils de forgeron et gravit le chemin de montagne jusqu'au palais de la Duchesse. Une fois là-haut, il expliqua aux gardes qu'il était venu ferrer les chevaux avec l'argent le plus fin, car il avait entendu dire qu'ils étaient exceptionnels. Les gardes se dirent que la Duchesse serait ravie car elle adorait qu'on lui apporte des cadeaux, et ils permirent à l'apprenti forgeron d'entrer dans la forteresse.

Il fut conduit à un petit enclos niché derrière de hauts murs et caché par plusieurs épaisseurs de paravents en papier à demi transparent. Quatre splendides créatures étaient étendues dans l'herbe. Il ne s'agissait pas de chevaux mais de licornes : une grise, une dorée, une d'un blanc pur et une dernière qui changeait de couleur en fonction de la direction du vent. Malgré toute leur beauté, il était évident qu'elles étaient malheureuses. L'une d'elles mâchonnait un peu de foin avec lenteur, une autre jeta un coup d'œil las en direction de Jun avant de reposer sa tête sur le sol.

« Ça doit être des Suiveuses d'Orage ! s'exclama Jun. La dorée c'est Soleil, la grise Orage, la blanche Neige et la gris et blanc, Variable. Pas étonnant que le temps soit complètement perturbé ! »

« C'est tout à fait ça, mon garçon », lança une voix sèche derrière lui. Jun tressaillit et se retourna vivement. La Duchesse lui faisait face, couverte de bijoux et d'or. « Et donc ? demanda -t-elle. Que fais-tu au milieu de mes biens ? »

Jun se ressaisit, prit une profonde inspiration et répondit courageusement : « J'ai entendu dire qu'il y avait des licornes ici, et je voulais vous offrir de nouveaux fers pour leurs sabots. Mais il me semble que ces licornes méritent à peine leur nom. Où est passée leur magie ? Pourquoi ne sont-elles pas en train de jouer et de gambader, comme le raconte la légende ? N'est-ce pas de la gaieté des licornes que dépend le roulement des saisons ? Pas étonnant que le temps soit si bouleversé. »

La Duchesse émit un rire froid : « Leur magie m'appartient dorénavant. Je peux en faire ce que bon me semble. »
Elle conduisit Jun vers une alcôve qui dégageait une odeur âcre d'encens. Un grand vase aux motifs finement ouvragés était posé dans un coin et débordait de flammèches d'énergie bleue et de bouquets d'étincelles dorées.

Jun comprit immédiatement que la Duchesse était une sorte de sorcière et que la malédiction qui avait frappé la vallée était entièrement de son fait. Elle avait volé la magie des Suiveuses d'Orage et, en conséquence, des inondations, des vagues de canicule et des orages s'étaient abattus sur ses habitants. Les licornes étaient en grand danger : privées de leurs pouvoirs magiques, elles s'affaibliraient de plus en plus et finiraient par mourir.

« Donnez-moi le vase, dit-il, téméraire. Sinon la vallée n'arrêtera jamais de souffrir. »

La Duchesse éclata de rire à nouveau, d'un rire aussi dur et glacé que le sommet gelé des montagnes. « Renoncer à cette magie ? Comme tu es amusant, mon garçon. Pourquoi ferais-je une chose pareille ? »
Jun se doutait bien qu'elle allait poser la question, et il avait une réponse toute prête. « Pour de l'argent, Duchesse ».

Il entrouvrit rapidement son sac pour qu'elle puisse apercevoir le métal qui étincelait à l'intérieur. La Duchesse se pencha en avant, avide, comme toujours, d'obtenir de nouvelles richesses. Jun referma rapidement le sac pour qu'elle ne puisse pas voir exactement ce qu'il renfermait.

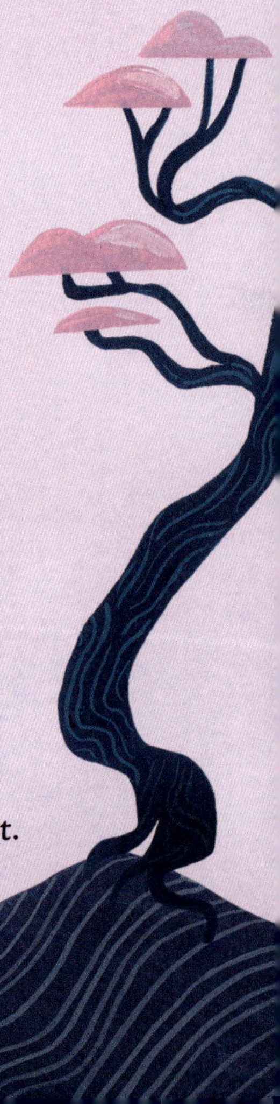

Il ne voulait pas qu'elle se rende compte que ce qui brillait tout au fond était en réalité ses outils de forgeron.

La Duchesse rit pour la troisième fois, et ce son était encore plus glacé que les stalactites qui naissent dans le sillage d'une licorne Neige.

« Très bien, pourquoi garder un vase de terre si je peux avoir de l'argent ? » demanda-t-elle. Chaque fois qu'elle prenait la parole, ses bijoux s'entrechoquaient. « Je vais te soumettre une énigme. Si tu trouves la réponse, le vase sera à toi ».

« Et si je n'y parviens pas ? » demanda Jun.

« Dans ce cas, je prendrai ton argent, tu deviendras mon serviteur et je vous garderai, toi et les licornes, dans mon palais jusqu'à la fin des temps. »

Jun frissonna mais il savait qu'il devait faire preuve de courage : « Je vous écoute. »

« Très bien, commença la Duchesse. Je peux être mangé mais je ne suis jamais dans ta bouche. Plus il fait noir, mieux tu me vois. Et tu peux m'entendre longtemps après que j'ai fini de parler. Qui suis-je ? »

Le pauvre Jun avait l'impression que sa tête était aussi vide que la bourse du mendiant du village. Il se creusa la tête de toutes ses forces, mais rien ne vint. Désespéré, il regarda en direction des licornes. Et là, dans l'œil de la licorne Orage, il aperçut comme une lumière, une étincelle d'espoir, un éclat de...

« L’éclair ! s’écria-t-il. On peut en manger, on le voit mieux la nuit, et on n’entend sa “voix”, c’est-à-dire le tonnerre, qu’une fois qu’il a “parlé” ! »

La Duchesse poussa un cri perçant qui résonna dans toute la cour et brisa le vase en mille morceaux. La magie s’en libéra et s’envola vers les Suiveuses d’Orage. Les licornes bondirent sur leurs jambes, s’ébrouèrent et se redressèrent fièrement. La licorne Orage se cabra, retomba dans un fracas de sabots, et soudain les murs du château s’écroulèrent.

Jun, ravi, regarda les licornes s’échapper vers les champs. Elles galopèrent tout en haut d’une colline et, une fois arrivées au sommet, continuèrent de monter. Puis, elles bondirent sur un grand nuage blanc… et disparurent.

« Waouh ! » s’exclama Jun.

Il ne restait nulle trace de la Duchesse. Lorsque son château s’était effondré, elle s’était enfuie dans un quelconque refuge obscur, là où vont se cacher les sorcières déchues. Jun prit un seul petit morceau du vase, pour garder une preuve de ce qu’il avait vécu, et il rentra chez lui en profitant du chaud soleil qui baignait la campagne…

*

« Et c’est ce morceau de vase que tu tiens dans ta main, conclut la grand-mère d’Amber. Transmis de génération en génération dans notre famille. »

Amber le serra fort entre ses doigts. « Alors, le vieux vase chinois contenait la magie des licornes ? Et elles l'ont récupérée ? »

« Presque entièrement », répondit sa mamie.

« Comment ça ? » demanda Amber.

« Voyons voir. » La vieille dame prit le fragment de poterie et referma les mains sur lui. « C'est vraiment dommage que tu sois coincée à la maison aujourd'hui, tout ça à cause d'un orage. Je crois qu'un petit changement est nécessaire. Je suis sûre que les Suiveuses d'Orage ne m'en voudront pas. »

Elle se pencha en avant et chuchota quelque chose qui ressemblait à une formule magique. Un bruit de tambour retentit alors au-dessus de leur tête, comme le martèlement de la pluie sur le toit. Ou comme un bruit de sabots.

« Mamie ! cria Amber. Regarde ! »

Dehors, le ciel s'était éclairci et le soleil brillait.

Sa grand-mère sourit. « Je me disais bien qu'il devait rester un peu de magie là-dedans ! »

Les Joyaux des Montagnes et les Flammes du Désert

Les Joyaux des Montagnes sont robustes
et vivent exceptionnellement longtemps. Les Flammes du Désert
sont extrêmement rapides et peuvent voler.

Étude de cas n° 7

Edward Land

Lieu

Himalaya, Népal

Époque

De nos jours

Statut dans la Confrérie

Secrétaire de la présidence,
chercheur et explorateur

Notes de Selwyn

Edward Land est issu d'une longue lignée de membres de la Confrérie. Il a grandi dans la campagne anglaise, et il a appris tout ce qu'il sait sur les licornes grâce à la bibliothèque familiale qui leur est consacrée.

À force de travail, il est parvenu au poste de secrétaire du président de la Confrérie (moi !). Lorsque je l'ai envoyé sur les traces d'une licorne aperçue dans l'Himalaya, il a découvert bien plus de choses que ce que nous aurions pu imaginer. Voici son histoire, racontée par lui-même.

Le RASSEMBLEMENT *des* SEPT FAMILLES

Rapport 371 – Strictement confidentiel. Edward Land. Filiale de Londres.

Plusieurs apparitions de la licorne d'Or ont été signalées à la Confrérie au cours des cinquante ou soixante dernières années. Cependant, nous n'avons jamais pu obtenir de preuve irréfutable, et nous avons toujours tendance à nous méfier de ces histoires.

Après tout, l'histoire de la licorne d'Or et de la licorne d'Argent a toujours été considérée comme une légende. Elle nous a été transmise au fil des siècles, et il n'a jamais été possible de prouver que ces licornes ont réellement existé.

Cependant, comme ces récits nous revenaient de plus en plus souvent, la Confrérie des Licornes Magiques a décidé de mener l'enquête. En tant que secrétaire du président, j'ai eu la chance d'être choisi pour cette mission. Les étonnantes découvertes de mon expédition et tous les détails qui y sont liés sont exposés aux membres de la Confrérie dans ce rapport. Ce dont j'ai été témoin changera nos connaissances des licornes pour toujours.

*

J'ai commencé mon enquête dans l'immense bibliothèque du siège londonien de la Confrérie. C'est là, au milieu de milliers de livres, de coupures de journaux et de vieux dossiers poussiéreux, que j'ai trouvé une référence à Hana et Jakob Alson. Ces jumeaux ont été les premiers d'une poignée de personnes à avoir vu la licorne d'Or au cours des cent cinquante dernières années.

Cette rencontre a eu lieu lorsqu'ils étaient enfants, et ils sont âgés à présent. Quand j'ai enfin réussi à les retrouver, ils m'ont raconté leur aventure comme si elle s'était déroulée la veille. Ils ont vu la licorne d'Or en Norvège, mais elle a également été aperçue en Europe de l'Est et en Asie centrale. Et le plus incroyable, c'est qu'elle était chaque fois accompagnée de la licorne d'Argent. S'ils disent la vérité - et tout porte à croire que c'est le cas -, alors les légendaires licornes d'Or et d'Argent sont de retour dans notre monde.

*

Je suis issu d'une longue lignée d'observateurs et de traqueurs de licornes. C'est ma mère qui a vu la toute première Fleur des Bois signalée en Angleterre. Mon arrière-grand-mère a été la première à distinguer les différentes empreintes de sabots de licornes. Elle a découvert par exemple que le motif intérieur des sabots des Joyaux des Montagnes était triangulaire, tandis que celui des Flammes du Désert avait la forme d'une flamme.

Tous les membres de ma famille m'ont raconté leurs diverses rencontres avec des licornes et je mourais d'envie de marcher sur leurs traces. Enfant, j'ai passé des heures à explorer les bois près de ma maison, à chercher des animaux sauvages tout en faisant semblant de traquer des créatures magiques. Un jour, j'ai trouvé un terrier de blaireau, et une autre fois celui d'un hérisson. Ce n'était pas encore une Suiveuse d'Orage à la crinière de feu, mais ça me faisait de l'entraînement.

Dès que j'ai été assez âgé, je me suis mis au service de la Confrérie des Licornes Magiques.

Pendant des années, j'ai servi d'assistant aux chercheurs et aux observateurs chevronnés de la Confrérie. J'en ai préparé, des tasses de thé ! Jusqu'au jour où j'ai enfin réussi à gagner suffisamment leur confiance pour qu'ils m'envoient réaliser ma propre expédition. Et elle était des plus excitantes !

Plusieurs familles de licornes avaient été signalées dans les contreforts de l'Himalaya, notamment des Joyaux des Montagnes et des Flammes du Désert. Trouver des Joyaux des Montagnes dans cette région n'avait rien de surprenant ; après tout, elles sont parfaitement adaptées à ce genre de terrains. Ce sont des créatures robustes capables de supporter des températures négatives et des vents glacés. En revanche, les Flammes du Désert s'aventurent rarement dans des climats aussi froids. Elles préfèrent de loin les pays chauds et, comme leur nom l'indique, les déserts de sable. Voir ces licornes se côtoyer était par ailleurs très surprenant, et la Confrérie avait bien l'intention d'éclaircir ce mystère.

J'ai eu la chance d'être choisi pour enquêter sur cet étrange phénomène ainsi que sur une récente apparition de la licorne d'Or dans la même région. J'ai fait ma valise, pris mon matériel et, non sans une petite pointe de trac, je me suis mis en route.

*

Lorsque je suis arrivé au Népal, j'ai rencontré un guide local, appelé Imay, qui m'a orienté dans la bonne direction.

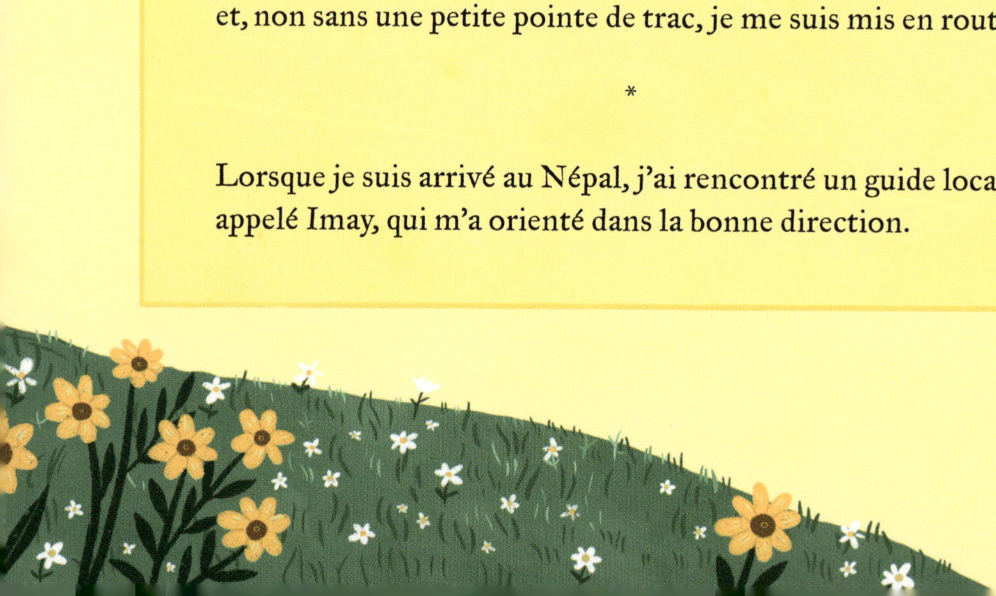

Comme il dirigeait la branche locale de la Confrérie, il connaissait les Joyaux des Montagnes et savait où aller pour être quasiment sûr d'en voir. C'était d'ailleurs lui qui avait signalé la présence d'une Flamme du Désert. C'était un homme à la longue barbe très bien entretenue dont les yeux débordaient de bonté et de sagesse. Calme et poli lorsque nous nous sommes rencontrés en public, il s'est animé dès que nous avons été seuls, loin des oreilles indiscrètes.

« Mon ami, m'a-t-il confié, je n'ai pas vu que des Joyaux des Montagnes et des Flammes du Désert. Je le jure sur ma vie, j'ai vu des représentantes de toutes les familles de licornes traverser ce village au cours des dernières semaines. C'est un phénomène tout à fait inédit »

« Mais pourquoi se rassemblent-elles ici ? » me suis-je demandé tout haut.

« Eh bien, elles préparent peut-être quelque chose de magique. Ce ne serait pas étonnant, pour des licornes... »

Cette éventualité m'excitait énormément. Entre ce rassemblement et l'apparition de la licorne d'Or, j'étais forcément sur les traces de quelque chose d'exceptionnel. Deux familles de licornes qui se rencontraient, ce n'était déjà pas banal, mais sept familles en même temps ? Personne n'avait jamais entendu parler d'une chose pareille.

Dès le lendemain matin, je me suis mis en route en suivant le chemin indiqué par Imay. Je n'ai pas tardé à apercevoir, au milieu des rocailles, une harde de Joyaux des Montagnes qui escaladaient une côte escarpée.

Elles arboraient des cornes impressionnantes et semblaient gravir sans aucune difficulté le chemin de montagne rocailleux. Certaines m'ont remarqué mais sans laisser paraître le moindre signe d'inquiétude. Je me suis avancé au milieu de ces créatures magiques et j'ai même pu caresser la crinière de l'une d'entre elles. Cependant, lorsque l'ascension est devenue plus ardue, elles m'ont distancé. J'ai continué à marcher et me suis retrouvé face à une immense cascade aux eaux tourbillonnantes. J'étais seul. Aucune trace des licornes.

Je n'avais plus qu'à m'asseoir et attendre en espérant qu'elles réapparaîtraient. Je me suis aménagé un campement, et j'étais déjà à moitié endormi lorsque j'ai senti une présence derrière moi. C'était une Fleur des Bois. Que faisait-elle, à une telle altitude, si loin de son milieu naturel ? Imay avait raison : plusieurs familles de licornes vivaient ici.

« Sers-toi », ai-je murmuré, tandis que la Fleur des Bois approchait pour s'emparer d'un petit bout de nourriture. Mais elle est très vite repartie. Cette fois, je n'allais pas la laisser me distancer ! J'ai bondi sur mes pieds et éteint rapidement mon feu de camp, et je l'ai suivie vers la cascade.

C'est alors que quelque chose d'incroyable s'est produit. Au lieu de s'arrêter devant la chute d'eau rugissante, la licorne a traversé le rideau d'écume et a totalement disparu.

J'ai fait la seule chose digne d'un explorateur de licornes qui se respecte : je l'ai suivie.

Je me suis approché de la cascade et j'ai tendu la main. L'eau s'est mise à l'éclabousser en gerbes d'or et d'argent mais lorsque je l'ai retirée, elle était totalement sèche. J'ai pris une grande inspiration et me suis précipité à travers les tourbillons furieux, au milieu d'éclats de lumière doré et argenté qui m'empêchaient de rien voir.

De l'autre côté, je me suis retrouvé face à un territoire magique peuplé de licornes. Il y avait là des Vagabondes des Glaces et des Fleurs des Bois, des Flammes du Désert et des Lunes d'Eau ; toutes très loin de leur habitat naturel. Cette scène m'a rappelé un passage sur lequel j'étais tombé dans un vieux document enfoui au plus profond des archives de la Confrérie. Il décrivait des rassemblements de différentes familles de licornes, qui se retrouvaient pour restaurer leurs pouvoirs. Je me suis demandé si je ne venais pas de surgir au beau milieu d'une cérémonie de ce genre. Imay avait raison : tant de licornes au même endroit, cela voulait forcément dire qu'il se passait quelque chose de magique.

C'est à ce moment-là que j'ai aperçu la licorne d'Or et la licorne d'Argent, deux créatures que je n'aurais jamais pensé contempler de mes propres yeux. Elles trépignaient avec impatience, comme si elles reprochaient leur lenteur aux autres.

Les créatures se saluaient en piaffant et en se frottant doucement les cornes. Un éclair a traversé le ciel, provoqué par une Suiveuse d'Orage. À sa suite, une Vagabonde des Glaces a projeté des lumières roses et jaunes, comme une aurore boréale.

Les salutations ont fini par s'arrêter et la licorne d'Or et la licorne d'Argent ont pris le contrôle de la cérémonie. Elles se sont mises à trotter en cercle, au milieu des autres licornes attroupées. La luminosité diminuait peu à peu dans les montagnes et le ciel avait viré au rose-violet. Lorsque le soleil a plongé à l'horizon, les deux magnifiques licornes ont incliné la tête vers le sol. Des étincelles magiques ont jailli à l'endroit même où leur corne avait touché la terre. Toutes les autres licornes les ont imitées.

Des torrents de magie tombaient du ciel sous forme d'éclairs et de nuages multicolores. Les crinières enflammées des Flammes du Désert se sont mises à briller de plus en plus fort et les étoiles des sabots des Ombres de Nuit luisaient avec une intensité incroyable. Toutes dégageaient une lumière absolument magique. Il semblait qu'une grande énergie renouvelait leurs pouvoirs.

Après quelques minutes d'enchantement, tout est redevenu calme. Les étincelles ont disparu et les éclairs se sont arrêtés. À ce moment-là, quelque chose d'encore plus prodigieux s'est produit. Une licorne d'une famille que je n'avais encore jamais vue a émergé de la cascade derrière moi. Son pelage était bleu pâle, sa crinière bleu foncé avec les extrémités roses et sa corne jaune vif avait l'air d'être faite d'une sorte de pierre précieuse. C'était une toute nouvelle licorne, créée par l'union des pouvoirs de toutes les autres familles. Jamais dans toute l'histoire de la Confrérie des Licornes Magiques on n'avait entendu parler d'un tel phénomène.

Je suis resté sidéré devant le spectacle de chaque famille de licornes accueillant la nouvelle venue. Tour à tour, elles inclinaient la tête pour la saluer en touchant le sol avec leur corne.

Enfin, elles ont de nouveau traversé la cascade pour rejoindre le monde réel. Je leur ai emboîté le pas et j'ai suivi la nouvelle créature jusqu'à la fin de la nuit, en essayant de prendre autant de notes mentales que possible. La dernière fois que j'ai vu cette créature unique avant qu'elle disparaisse, c'était au moment où le soleil dardait ses premiers rayons.

J'écris aujourd'hui ce rapport pour que tous les membres de la Confrérie sachent qu'il existe une nouvelle licorne dans le monde. Je propose que nous l'appelions Esprit de l'Aube.

Sous les flots rugissants de la cascade enchantée,

une nouvelle famille de licornes est née…

Les Esprits de l'Aube

Les Esprits de l'Aube représentent l'espoir, le bonheur et le renouveau. Elles accordent leurs vœux à celles et ceux qui ont le plus besoin d'aide.

Étude de cas n° 8

Chloé Durand

Lieu

Bretagne, France

Époque

De nos jours

Statut dans la Confrérie

Plus jeune membre à avoir rencontré
la huitième famille de licornes

Notes de Selwyn

Lorsque j'ai appris qu'il existait une nouvelle famille de licornes, j'ai décidé d'en apprendre davantage. Mais c'est une jeune fille appelée Chloé Durand qui a rencontré le premier spécimen depuis la découverte d'Edward Land.

Elle habite en Bretagne, sur la côte nord-ouest de la France. Elle n'avait que 11 ans lorsqu'elle a rencontré une Esprit de l'Aube.

Chloé est aujourd'hui la plus éminente experte des Esprits de l'Aube. La Confrérie des Licornes Magiques lui doit beaucoup dans ce domaine.

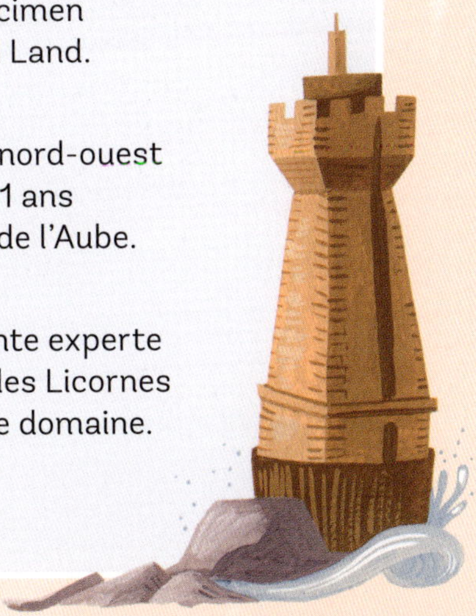

Une NOUVELLE AUBE

Il était très tôt ce matin-là – c'était le moment que Chloé préférait pour aller sur la plage. Une famille de phoques se prélassait sur le sable désert, des macareux étaient perchés sur le phare, au bout de la jetée de pierre, et des mouettes traçaient des cercles dans le ciel en criant. À l'horizon, le soleil dardait ses premiers rayons au ras de l'Atlantique.

Les yeux fixés sur la mer, Chloé se dit qu'elle aurait aimé partager ce magnifique paysage avec Mathilde. Sa meilleure amie venait de rentrer à Paris, où Chloé et sa maman vivaient elles aussi avant de venir s'installer ici quelques semaines auparavant. Elle se sentit soudain très seule. On était samedi matin ; Mathilde n'allait sans doute pas tarder à partir jouer au parc ou à aller acheter des gâteaux à la boulangerie.

Chloé se releva en soupirant et frotta son short pour en retirer le sable collé. Elle se mit à marcher au bord de l'eau et à observer toutes les traces d'oiseaux dans le sable mouillé. Il y avait même des empreintes de sabots, sans doute la balade matinale d'un promeneur à cheval. Chloé se dirigea vers les rochers qui formaient de petits bassins naturels, à la recherche de coquillages et d'autres créatures marines.

« Coucou ! » cria une voix de fille derrière elle. Chloé se retourna et vit Aurélie, une camarade d'école. « On dirait qu'on a eu la même idée, toutes les deux. Viens voir ce que j'ai trouvé. »

« Oh, waouh ! » s'exclama Chloé, après avoir négocié quelques rochers glissants, devant l'étoile de mer accrochée à une paroi rocheuse couverte de berniques. « Trop bien ! »

« Génial, hein ? acquiesça Aurélie. Allez viens, on va voir ce qu'on peut trouver d'autre. » Les filles se mirent à ratisser la plage ensemble, en se montrant du doigt les crabes qui se carapataient entre les galets et les minuscules poissons

nageant dans les flaques laissées par la mer. Chloé fut surprise de constater à quel point il était facile de parler avec Aurélie ; toutes les deux adoraient les animaux.

« C'est quoi, ça ? » demanda Chloé en brandissant un coquillage à la coquille en colimaçon. Les pattes qui en sortaient s'agitèrent dans tous les sens avant de disparaître subitement.

« Un bernard-l'hermite, répondit Aurélie. Ils cherchent des coquilles vides et s'installent dedans quand ils sont trop à l'étroit dans la leur. »

« Ils feraient peut-être mieux de rester là où ils sont, répondit Chloé en reposant l'animal. Déménager, ce n'est pas toujours la joie, franchement. »
« Alors pourquoi as-tu quitté Paris ? » demanda Aurélie.
« Ma mère est vétérinaire, expliqua Chloé. Le docteur Chicot a pris sa retraite, alors maman a repris son cabinet ici. »

« La ville te manque ? » demanda Aurélie.
Chloé hocha la tête. « Il ne se passe pas grand-chose par ici… »
Aurélie eut soudain l'air triste. « Il n'y a rien qui te plaise ici, alors ? »

Chloé se sentit un peu gênée. « J'aime la plage, et tous les animaux, admit-elle. Et les crêpes de la crêperie. »

« Moi, c'est celles au chocolat que je préfère, répondit Aurélie avec un grand sourire. Allez viens, on va dans les dunes. Je connais un endroit parfait pour observer les oiseaux. »

Alors qu'elles approchaient des dunes, Chloé entendit un bruit. Ce n'était pas un cri de mouette - on aurait plutôt dit un hennissement. Soudain, elle se rappela les traces de sabots dans le sable.

« Tu as entendu ? » demanda-t-elle à Aurélie. Les filles gravirent les dunes escarpées à quatre pattes dans le sable, en direction du bruit.

« Regarde ! » cria Chloé en montrant quelque chose du doigt. Une douce lueur dorée émanait des longues herbes.

Elles se rapprochèrent et Chloé poussa une exclamation de surprise. Un cheval bleu pâle était allongé dans le sable. Sa crinière et sa queue étaient bleu roi avec les extrémités roses, et sa tête était surmontée d'une corne jaune vif.

Aurélie agrippa le bras de Chloé : « Mais qu'est-ce que c'est que ce truc ? »

« Je crois que c'est… une licorne ! » répondit Chloé, bouche bée.

La créature hennit faiblement.

« Mais d'où peut-elle venir ? » chuchota Chloé.
Puis elle remarqua qu'elle avait quelque chose à la jambe.
« Elle est blessée ! »

« Oh non ! » s'exclama Aurélie en voyant les yeux de la licorne briller de douleur, une entaille sur sa jambe et du sang sur le sable.

« Viens, dit Chloé. Ma mère saura quoi faire. »

Aurélie lâcha son panier et elles partirent en courant jusqu'à la maison de Chloé, à côté de la plage. Juste derrière se dressaient de vieilles écuries et le cabinet vétérinaire de sa mère.

« Maman ! cria Chloé en déboulant comme une furie dans le cabinet vétérinaire. Viens, vite ! On a trouvé un animal blessé ! »

La mère de Chloé saisit sa trousse et les suivit sans poser de question. Chloé eut la sensation que cette matinée allait être hors du commun - à Paris, elle n'avait jamais rien vu qui ressemblât à une licorne !

« Oh ! Je n'ai jamais vu de licorne de cette espèce ! » s'exclama la mère de Chloé en tombant à genoux devant la créature magique couchée sur le sable.

Chloé fixa sa mère, stupéfaite. « Tu veux dire que tu as déjà vu une licorne ? »

Sa mère fit oui de la tête. « Je t'expliquerai plus tard. D'abord, il faut qu'on l'aide. » La licorne hennit de douleur.

« Elle a dû se cogner la jambe contre un rocher », dit la mère de Chloé en examinant la blessure.

« Vous pouvez la soigner ? » demanda Aurélie.

« Oui, mais je vais avoir besoin de votre aide. Les médicaments ne servent pas à grand-chose pour les licornes. Il faut que vous alliez me chercher des algues toutes les deux, le plus vite possible. »

Les filles partirent en courant vers la plage. Elles jetèrent les coquillages qu'Aurélie avait ramassés dans son panier et le remplirent de toutes sortes d'algues : des spaghettis de mer verts et luisants, des fucus vésiculeux jaunes aux petites bulles dures et des grappes rouges de mousse d'Irlande. Alors qu'elle marchait au milieu des rochers pointus, Chloé s'érafla la jambe, exactement comme la licorne. Elle poussa un cri de douleur mais continua à chercher, car il fallait qu'elle aide la créature magique. Portant à deux le lourd panier rempli d'algues, Chloé et Aurélie le remontèrent tant bien que mal avec elles jusqu'aux dunes.

« Merci », leur dit la mère de Chloé. Elle comprima les algues pour en faire un cataplasme qu'elle tapota doucement contre la jambe blessée de la licorne. « Voilà qui devrait soigner l'infection et réduire le gonflement. »

« Ne t'inquiète pas, chuchota Chloé à l'oreille de la licorne. Nous allons te soigner, d'où que tu viennes ! »

La mère de Chloé leva les yeux. Le soleil était déjà bien haut dans le ciel. « Il faut que nous déplacions cette licorne avant que les gens ne commencent à arriver sur la plage. »

Chloé aperçut des promeneurs avec leurs chiens sur le sommet de la dune. Quelle réaction auraient-ils s'ils voyaient la créature magique ? Chloé, sa mère et Aurélie aidèrent la licorne à se redresser et, ensemble, elles parcoururent la courte distance qui les séparait de la maison de Chloé. Elles guidèrent la licorne jusqu'à l'écurie, où elle s'effondra sur un lit de paille et s'endormit profondément.

« Il faut que je passe un coup de fil », dit la mère de Chloé en sortant précipitamment de l'écurie.

« Est-ce que tout ça est en train d'arriver pour de vrai ? » demanda Aurélie à Chloé.

Chloé regarda la licorne. Pour un animal qui n'était pas censé exister, elle avait l'air sacrément réelle.

Lorsque la mère de Chloé revint, voici ce qu'elle leur raconta :

« Quand j'étais petite, un jour que je skiais avec ma famille, j'ai croisé le chemin d'une licorne, une Joyau des Montagnes. C'est ce qui a déclenché mon amour des licornes et c'est en partie ce qui m'a incitée à devenir vétérinaire. Je travaille en secret pour la Confrérie des Licornes Magiques depuis des années. C'est notamment parce que des rumeurs ont couru sur une nouvelle espèce de licornes aperçue dans la région que j'ai décidé de venir ici. Maintenant, nous savons que les rumeurs disaient vrai. »

Chloé et Aurélie se regardèrent, ébahies.

« Mon contact à la Confrérie vient de me dire que cette licorne est une Esprit de l'Aube, une espèce très rare. C'est une toute nouvelle famille de licornes, et elles auraient le pouvoir d'exaucer les vœux ».

« Eh bien, je sais ce que je voudrais, moi ! s'exclama Aurélie. Je voudrais qu'elle guérisse ! Oh, et ta jambe aussi, Chloé ! »

Chloé sourit.

« Allez donc me cueillir des silènes, leur demanda la mère de Chloé. Cette fleur aidera la licorne à regagner des forces. »

Les filles partirent vers les galets et se mirent à cueillir des brassées de fleurs. Lorsqu'elles revinrent à l'écurie, elles les donnèrent à manger à la licorne. Chloé pouffa de rire lorsque la créature magique lui chatouilla la paume de la main avec ses lèvres tendues pour attraper les silènes.

Aurélie passa le reste de la journée avec Chloé. Elles s'occupèrent de la licorne, lui donnèrent des fleurs à manger et renouvelèrent régulièrement les compresses d'algues sur sa patte. Le soir, la licorne avait l'air d'aller beaucoup mieux. Sa blessure se refermait, ses yeux brillants n'exprimaient plus de douleur et sa corne étincelait. Lorsqu'il fut temps pour Aurélie de rentrer chez elle, Chloé dit au revoir à sa nouvelle amie.

« Reviens demain matin, avant le lever du soleil, lui dit la maman de Chloé. Vous pourrez relâcher l'Esprit de l'Aube toutes les deux. »

*

Le lendemain matin, les filles guidèrent la licorne hors du jardin et la conduisirent jusqu'à la plage où le soleil commençait juste à apparaître à l'horizon. Chloé caressa sa crinière et fit un vœu en silence. Des étincelles dorées jaillirent alors de la corne de la créature et s'envolèrent en tourbillonnant autour des deux filles. Chloé sentit que sa jambe venait de guérir d'un seul coup.

« Waouh. Ce n'est pas le genre de choses qui arrive tous les jours ! » dit Aurélie en souriant.

« Sans blague ! » répondit Chloé en riant. Elle se rendit compte qu'elle venait de se faire une nouvelle amie.

Lorsqu'elle rentra à la maison, sa maman lui dit :
« Devine quoi ? Je viens juste de recevoir un mail de la maman de Mathilde. Elles viennent passer les vacances ici ! »

Chloé sourit. L'Esprit de l'Aube avait exaucé son vœu de revoir sa plus ancienne amie. Mais elle n'avait pas fait que ça : elle l'avait aidée à s'en faire une nouvelle !

Les licornes et toi

Nous avons tous une personnalité propre et chacun est attiré par un type de licornes en particulier. Découvre quelle famille de licornes te représente le mieux et apprends ce que cela signifie dans les pages suivantes.

Départ

Quelle est ta journée d'anniversaire idéale ?

Une fête avec de la musique, des ballons, des gâteaux, des jeux et de la danse.

Un de tes invités semble contrarié. Que fais-tu ?

Tu prends le temps d'aller lui parler, tu lui racontes une blague pour lui changer les idées. Le rire est le meilleur des remèdes.

Tu l'attires sur la piste et tu le fais danser avec toi. Quand on danse, on se sent tout de suite mieux.

Une aventure en pleine nature, où tu irais faire de l'escalade, du canoë et du camping.

Ton groupe a besoin d'un chef d'équipe. Que fais-tu ?

Tu te portes volontaire en premier. Tu adores guider les autres jusqu'en haut du mur d'escalade.

Tu es ravi que quelqu'un d'autre prenne la direction des opérations, du moment que tout le monde s'amuse !

Tu décides d'aller dehors pour continuer la fête. Que choisis-tu ?

- Une longue promenade en forêt, pour observer les fleurs et les animaux. → *Fleur des Bois*
- Allumer un grand feu sur la plage et faire griller des chamallows. → *Esprit de l'Aube*

Il y a une grande surprise pour la fin de la fête. Qu'est-ce que c'est ?

- Un château gonflable géant, où tout le monde saute et s'amuse. → *Suiveuse d'Orage*
- Un karaoké, où tout le monde chante à tue-tête. → *Flamme du Désert*

Le moment est venu d'aller faire du bateau. Que choisis-tu ?

- Un kayak à une place, car tu préfères être aux commandes. → *Vagabonde des Glaces*
- Un grand radeau avec tous tes amis. C'est une aventure en équipe. → *Joyau des Montagnes*

Tout le monde décide de camper pour la nuit. Quel sera ton rôle ?

- Tu plantes la tente : tu t'y connais en bricolage ! → *Lune d'Eau*
- Tu te charges de la décoration et de rendre les tentes jolies et confortables. → *Ombre de Nuit*

Lunes d'Eau

Élément : eau
Caractère : serviable, intelligente, ouverte d'esprit
Symbole : croissant de lune
Couleur : turquoise très vif

Ombres de Nuit

Élément : air
Caractère : créative, sensible, rêveuse
Symbole : étoile
Couleur : noir d'encre

Fleurs des Bois

Élément : terre
Caractère : douce, gentille, amicale
Symbole : rose
Couleur : vert mousse

Vagabondes des Glaces

Élément : eau
Caractère : courageuse, forte, indépendante
Symbole : flocon de neige
Couleur : blanc neigeux

Suiveuses d'Orage

Élément : feu
Caractère : sûre d'elle, solide, exubérante
Symbole : éclair
Couleur : jaune électrique

Joyaux des Montagnes

Élément : terre
Caractère : loyale, forte, résiliente
Symbole : diamant
Couleur : orange profond

Flammes du Désert

Élément : feu
Caractère : passionnée, brillante, sincère
Symbole : flamme
Couleur : rouge rubis

Esprits de l'Aube

Élément : air
Caractère : attentionnée, réfléchie, optimiste
Symbole : soleil
Couleur : rose boréal

Rejoindre la Confrérie

C'est à vous désormais, chères lectrices, chers lecteurs, qu'il revient de perpétuer le magnifique travail de la Confrérie des Licornes Magiques. Comme vous l'avez vu, tout le monde peut rencontrer une licorne au cours de sa vie, et cela arrive souvent au moment où l'on s'y attend le moins.

Pourquoi ne pas devenir membre de la Confrérie à votre tour ? Pour cela, il vous faut commencer par mémoriser notre serment :

Le serment

Par la force des Joyaux des Montagnes
Et par la générosité des Fleurs des Bois,
Par la célérité des Flammes du Désert,
Par les sabots, par les cornes, par la magie.
Je jure de garder à jamais le secret
Et de toujours protéger les licornes.
Je suis fier·ère d'être un·e membre dévoué·e
De la Confrérie des Licornes Magiques !

Et souvenez-vous : tout ce que vous avez à faire pour trouver une licorne, c'est de garder les yeux bien ouverts et les oreilles aux aguets !

Bonne chance, et bonne observation de licornes !